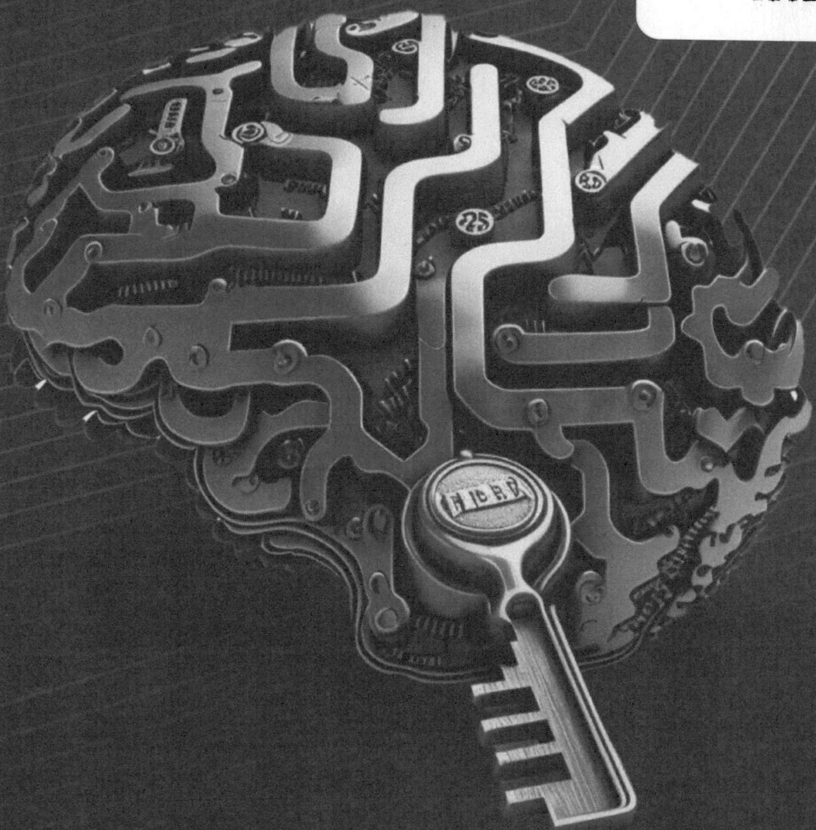

AS CHAVES DA

MENTALIDADE EMPREENDEDORA

31 CHAVES PARA VOCÊ SE TORNAR UM EMPREENDEDOR DE SUCESSO

EDITORA
CHAVE MESTRA

Título original em Português:
As Chaves da Mentalidade Empreendedora -
31 Chaves para você se tornar um empreendedor de sucesso.

Direção editorial: Raquel Medeiros
Revisão: Híllona Anjos
Assistente editorial: Amanda Oliveira
Diagramação: Weslei Eugênio
Branding de capa: Sergio Macceddo

Dados Internacionais de Catalogação na Publicação (CIP)

Vale, Rogério. (Organizador)
V149 As chaves da mentalidade empreendedora: 31 chaves para você se tornar um empreendedor de sucesso / Rogério Vale (Org.) – Barueri, SP: Chave Mestra Editora, 2023. 256 p. : 16 x 23 cm

ISBN 978-65-84979-59-8

1. Mentalidade financeira. 2. Finanças. 3. Desenvolvimento pessoal. 4. Riqueza. 5. Sucesso nos negócios. 6. Finanças pessoais. I. Título.

CDD 158.1

EDITORA
CHAVE MESTRA®

S U M

R I O

PREFÁCIO

Bem-vindo(a) a uma jornada de descoberta e transformação. Você está prestes a adentrar as páginas de "As chaves da mentalidade empreendedora", uma obra que reúne as mentes brilhantes de 31 autores em um formato único de coautoria. Aqui, encontrará um tesouro de conhecimento e experiência, esperando para ser desvendado.

Imagine ter a oportunidade de adquirir uma chave valiosa, capaz de abrir portas e desbloquear um futuro repleto de possibilidades. É exatamente isso que esse livro representa: uma oportunidade inigualável de mergulhar em um conteúdo que pode revolucionar sua vida e carreira.

Aqueles que não desenvolvem uma mentalidade empreendedora, frequentemente se veem presos a uma rotina limitada e a uma visão estreita do mundo. Eles se contentam em seguir o fluxo, sem questionar o status quo, sem arriscar, sem buscar a realização plena de seus sonhos e objetivos.

No entanto, é importante ressaltar que esses problemas não são permanentes. Eles não são uma sentença de fracasso. E é exatamente nisso que reside a essência deste livro. Aqui, você encontrará uma poderosa ferramenta para superar as barreiras que impedem seu crescimento pessoal e profissional.

Ao longo dos capítulos, os autores compartilharão suas histórias, estratégias e percepções valiosas sobre a mentalidade empreendedora. Você aprenderá a enfrentar desafios com coragem, a enxergar oportunidades onde antes havia apenas obstáculos e a adotar uma abordagem proativa e resiliente diante das adversidades.

Não se engane: a transformação não ocorrerá por acaso. Ela requer seu comprometimento e dedicação. É necessário abrir-se para novas perspectivas, questionar suas crenças limitantes e estar disposto(a) a abraçar a incerteza e o desconhecido. Este livro é um chamado para a ação. Um convite para que você se torne o(a) protagonista de sua própria história.

A mentalidade empreendedora é uma força que pode transcender os limites do mundo dos negócios. Ela permite que você crie impacto, inove, resolva problemas e encontre propósito em tudo o que faz. Ao desenvolvê-la, você estará se capacitando para enfrentar os desafios do presente e do futuro, não importa quais sejam.

Portanto, encorajamos você a mergulhar de cabeça nesta jornada. Explore as páginas deste livro com curiosidade e entusiasmo. Absorva cada palavra, cada ensinamento e, acima de tudo, aplique-os em sua própria vida. Este é o começo de uma jornada extraordinária, que pode levar você a lugares que nunca imaginou serem possíveis.

Prepare-se para desafiar o convencional, buscar a excelência e se tornar a melhor versão de si mesmo(a). A oportunidade está diante de você. O caminho para a transformação começa aqui.

Boa leitura!

Rogério Vale - CEO Editora Chave Mestra

@rogeriovaleoficial

Adriana Costa

Sou filha de um Deus Vivo, criadora por essência, maranhense e mãe do Tarcísio e da Talitha Lícia.

Bacharel em Administração de empresas com especialidade em Administração Pública e Gerência de Cidades, educadora financeira, graduanda em Ciências Contábeis, empreendedora, estou funcionária pública como Controladora Municipal.

Empresária e palestrante, criadora do infoproduto CPE - Códigos Para Empreender, mentora de empresários em formação. Tenho como propósito crescer, contribuir e expandir o Reino.

drikacostatt

adrianatreinamentos2@gmail.com

+55 (99) 98164-0663

1 LIDANDO COM O ESTRESSE E A PRESSÃO

Por Adriana Costa

Com o avanço da tecnologia e da inovação, o cenário exige que busquemos excelência a todo custo, que tenhamos um estilo de vida onde devemos ser os melhores profissionais, melhores pais, melhores patrões, melhores líderes e com toda essa exigência, acabamos muitas vezes nos perdendo, esquecendo a essência, o porquê fomos chamados e a verdadeira riqueza que buscamos. Não que seja errado demostrarmos essa excelência em tudo que fizermos, mas precisamos dosar essa entrega e não priorizar somente ser o melhor, priorizar fazer o melhor que pudermos com as ferramentas disponíveis no momento.

Para os empreendedores, lidar com a concorrência, as dificuldades de empreender no Brasil e a jornada dupla de trabalho, afeta os relacionamentos, o convívio familiar, a saúde, gerando problemas físicos e emocionais, chegando ao extremo ocasionando doenças graves que os leva à várias limitações.

Além de todos esses problemas, ainda estamos sujeitos a viver uma vida acelerada, de muita pressão psicológica, buscando compensações com gastos e compras compulsivas e impulsivas para aliviar o estresse e o ritmo acelerado, gerando descontrole nas finanças e consequentemente o endividamento. Tudo isso é manifestado no nosso corpo através de sintomas de ansiedade, irritação, falta de concentração, isolamento, insônia, tristeza, angústia, baixa produtividade, deixando assim o corpo doente e desarmônico, causando estafa física e mental, trazendo para a vida vícios que prejudicarão ainda mais no processo das conquistas.

Comigo não foi diferente, uma menina criada no interior do Maranhão, cheia de bloqueios e vícios emocionais, com poucas oportunidades de ensino, vendo todos esses avanços acontecerem e com dificuldade em adquirir um equipamento eletrônico para facilitar os estudos, pois as condições financeiras não eram suficientes para adquiri-lo. Via que todos esses impasses me afastavam da realização do meu sonho, que era de ser uma empresária de sucesso.

Sempre sonhei em ser bem-sucedida e com o acúmulo de funções e a busca pela excelência em tudo que fazia, acumulei uma carga enorme de estresse, ansiedade, perfeccionismo, bloqueios de não merecimento, de autoimagem e consequentemente uma depressão. Adquiri uma estafa física e mental, realizando diversos exames para identificar a causa dos tremores físicos adquiridos e todos esses fardos fizeram com que a minha vida engessasse, paralisasse e eu adiasse a caminhada empreendedora que já havia iniciado, tive que desacelerar por mais de dois anos.

Quando comecei a empreender, com os meus 20 anos, iniciei como a maioria dos empreendedores, desenvolvendo atividades em uma empresa privada, onde trabalhava 8h diárias e o restante das horas disponíveis, realizava todas as atividades necessárias para ver o meu negócio decolar. Eu não imaginava que enfrentaria tantos problemas, porque apesar de estudar bastante sobre o nicho que iniciei, tínhamos muitos problemas de logística, de mão de obra, no fornecimento de um produto de qualidade, de um bom atendimento, tudo isso trazia uma dificuldade e medo de falhar.

Acredito que esse é um dos maiores medos de um empreendedor: não conseguir fazer acontecer, não conseguir fazer dar certo e acabar desistindo antes mesmo de fazer tudo o que for necessário para ver o negócio crescer, embora sabendo que as necessidades e as dificuldades devem ser para nós fontes de inspiração para criar, inovar e não para lamentar ou desistir.

Nós, por essência, temos limitações que chamamos de "crenças", limitações essas que derivam da falta de consciência e de percepção da realidade, essas crenças adquirimos ainda na infância ou por algum evento que nos marcou fortemente. Tendo consciência ou não das mesmas, elas têm forte influência sobre aquilo que desejamos, sonhamos e sobre nossas chances de conseguirmos realizar, elas limitam as nossas ações e pensamentos, fazendo com que não consigamos entender que nós somos criadores da nossa própria realidade, que tudo parte do poder de pensar e, a partir daí, de realizar.

É preciso mudar as crenças de quem você é, do que você é capaz e especialmente do seu nível de merecimento e isso só será possível quando você mudar os seus pensamentos. Por não ter essa sabedoria inicial, deixei o medo de falhar falar mais alto e permiti que as dificuldades, as crenças de não merecimento, fizessem com que eu desistisse do meu primeiro negócio, mas a minha jornada empreendedora não finalizou ali, pelo contrário, só estava iniciando, aprendi com as falhas, adquiri experiência e em pouco tempo eu já estava inaugurando um novo empreendimento. Já nasci com essa habilidade e desejo do novo, de criar, inovar, fazer, refazer, testar, porque empreender é isso: é usar o tempo e as competências técnicas e comportamentais que temos, para criar, assumir riscos e aceitar desafios, é não ter medo de tentar, de falhar e não ter preguiça de buscar.

Algo que tem me ajudado no equilíbrio da pressão e da ansiedade em fazer dar certo é a inteligência emocional. Quem não tem essa inteligência, não sabe fazer gestão das próprias emoções e acaba estourando com tudo e com todos. A falta dessa habilidade nas pessoas é o que hoje está sendo a maior causa das discussões entre os cônjuges, no trânsito e no local de trabalho, porque não é sobre aquilo que está acontecendo e sim, sobre como você reage. Com as decisões que nós, empreendedores, precisamos tomar todos os dias, se não adquirirmos essa habilidade, nos tornaremos pessoas ansiosas e estressadas. A ansiedade nada mais é do que uma espécie de pensamento que emite vibrações para o corpo e quanto mais vibrações negativas vão sendo alimentadas, mais depressivos vamos nos tornando.

A partir dessa virada de chave, iniciei estudos sobre o comportamento humano, comecei a amar as pessoas e a entendê-las, e então descobrir que o sucesso acontece quando a preparação encontra a oportunidade, tudo acontece a partir da mudança de mentalidade e a empresa é um reflexo nítido da mente de quem a dirige. Nós precisamos dominar a sobrevivência e tirar o maior proveito dessa experiência para não voltar mais para os dias ruins. Nós somos criadores por natureza e temos a capacidade de criar e fazer acontecer.

Outro fator preponderante é tratar a carência emocional, ela faz com que tenhamos decisões voltadas sempre para a opinião e a aprovação do outro, faz com que não saibamos dizer NÃO quando necessário, que não tenhamos uma visão positiva do nosso futuro, nos faz procrastinar em tudo que iniciamos, nos faz autossabotar e nos impulsiona a buscar prazeres imediatos. Precisamos fortalecer as raízes, criar profundidade, gerar largura no leito do nosso rio. Estudar, modelar pessoas de sucesso e investir na vida. Fortalecer as relações conosco e com os nossos familiares. Precisamos ter novas experiencias, pois elas geram novas trilhas neurais e novos resultados, e isso não será determinado pelo tempo que você passa com as pessoas e sim, com a qualidade desse tempo. O empreendedor de sucesso precisa aprender a desfrutar de todos os momentos, porque o desfrute não está na condição, mas sim, na decisão.

Ter uma atitude empreendedora é lapidar e desenvolver constantemente três pilares:

Visão, que é ter perspectiva de futuro, ter metas e sonhos.
Coragem, que não é a ausência do medo, é ter domínio do medo.
Competência, que é a maestria, a excelência, a perícia, a capacidade de fazer algo bem-feito.

A visão que motiva é aquela que está alinhada ao seu propósito. O propósito é nosso porquê, o porquê é o nosso "por quem".

E por fim, precisamos ter constância, consistência e persistência, precisamos ter um olhar de pessimismo inteligente, buscando a preparação necessária, determinando o verdadeiro propósito da empresa, capacitando o pessoal, oferecendo um produto de qualidade, elaborando processos e um bom planejamento para ser seguido.

Empreender precisa ser um estilo de vida, até porque não empreendemos somente no âmbito empresarial, empreendemos no serviço público e na esfera religiosa, afinal a missão do empreendedor é facilitar a vida das pessoas.

Te desafio a adquirir um novo ciclo, com novos hábitos de condicionamento, aprendizagem e repetição, cuidando da sua saúde e da sua mente, endorfinando o corpo e o espirito, aprendendo algo novo todos os dias, mentalizando o sucesso que você busca, conhecendo pessoas e transbordando na vida delas, adquirindo uma boa comunicação, prestando um bom serviço ou fornecendo um produto de qualidade, praticando a gratidão por tudo o que você já conquistou e o que irá conquistar, profetizando sobre a sua vida, sua família e sua empresa, afinal, a palavra possui poder sobre átomos, moléculas e sobre o tempo. Construa pontos de relacionamento com os seus clientes e com as pessoas ao seu redor e que a perseverança esteja sempre atrelada ao seu sucesso.

Se esse capítulo fez sentido pra você, aplique as recomendações que estão contidas nele, elas irão te guiar para um caminho de prosperidade com saúde e equilíbrio emocional e para mais recomendações e transbordo, siga minhas redes sociais, estou comprometida com o meu e com o seu crescimento e sucesso.

"As dificuldades devem ser para nós fonte de inspiração para criar, inovar e não para lamentar."

Adriana Costa

Adriana Nogueira On

Consultora empresarial e mentora de vendas consultivas, meu propósito é ajudar empresários e empreendedores a organizarem seus negócios com foco no crescimento.

Sou bacharel em Administração de Empresas com especialização em Marketing, além de extensa formação em desenvolvimento pessoal. Estou sempre estudando novos cursos e assuntos. Isso é primordial para quem empreende.

Meu primeiro ato empreendedor foi aos 11 anos de idade, fui campeã de vendas em algumas grandes empresas de tecnologia que trabalhei e já ajudei mais de 3 mil empresários a fazerem negócios usando o marketing de recomendação.

adriananogueiraon

livro@adriananogueiraon.com.br

+55 (11) 98264-3105

https://adriananogueiraon.com.br

2 ENTENDENDO O MERCADO E SEUS CLIENTES

Por Adriana Nogueira On

Olá, querido leitor! Como sou uma apaixonada por entregar soluções de crescimento para empresas, tenho que alertar que conhecer o mercado e seus clientes é um dos itens mais potentes para o crescimento de um negócio, então vou começar contando para você a historinha do meu primeiro ato empreendedor, para mostrar de forma bem simples a importância desse tema.

Com 11 anos, fui ao mercado com uma nota de 20 "cruzeiros" (era o nome da moeda naquele ano) para comprar algo a pedido da minha mãe. Chegando lá, havia uma mulher fazendo demonstração e degustação de alguns produtos. Ela derretia o chocolate, colocava em forminhas, recheava e em alguns minutos os bombons estavam prontos (naquela época, isso não era comum). Eu fiquei encantada com aquilo, mas não era somente para comer o chocolate, mas sim, por todo o processo.

Mesmo eu sendo uma criança, a promotora me explicou como eu poderia fazer os bombons, vender e lucrar com aquilo. E eu, totalmente convencida de que seria uma ótima ideia, comprei os materiais e fui para casa começar a fazer os bombons, antes que minha mãe chegasse do trabalho dela. No mesmo dia, saí na rua e comecei a oferecer para algumas pessoas e consegui vender uma grande parte dos bombons, conforme a mulher no supermercado havia me explicado.

Os desdobramentos dessa história me trouxeram grandes ensinamentos que desejo compartilhar com vocês.

Antes, preciso dizer que um dos grandes desafios para uma pessoa que pensa em empreender, é que os recursos são escassos e mesmo que você tenha uma boa quantidade de recursos disponíveis, é um desperdício não os utilizar de forma inteligente e eficaz, determinando assim um lucro inferior para essa empresa.

O mercado é um ambiente dinâmico, complexo, que envolve muitas variáveis e tipos diferentes de pessoas envolvidas. Para ter sucesso, é fundamental que as empresas compreendam quem são seus clientes e como eles se comportam, para poder oferecer soluções e serviços que atendam suas necessidades e desejos. Ou até mesmo criar o seu próprio mercado como foi o caso dos *smartfones*, por exemplo.

Vamos voltar para minha historinha. No primeiro dia, eu vendi grande parte da minha produção, mas não consegui vender tudo porque eu tinha comprado um único tipo de recheio e as pessoas para as quais eu estava oferecendo não queriam daquele sabor.

Como eu não conhecia o meu mercado no primeiro momento, nem pensei na possibilidade que alguém não iria gostar do recheio de doce de leite. Eu achava uma delícia, como alguém poderia não gostar? Certamente estava equivocada e como sabia que não poderia ficar com aquele material parado em casa, comecei a pensar em como resolver aquele problema.

Então tive uma ideia de retornar ao supermercado e comprar um outro recheio, mas isso iria consumir grande parte do meu lucro, pois eu ficaria com mais de meia lata de recheio sem chocolate para combinar, fora o tempo de ir até o mercado e sem contar da minha "investidora", minha mãe, que havia solicitado que eu fosse ao mercado comprar outros itens e estava esperando o troco daquela compra. Percebeu como não conhecer bem o mercado diminuiu o meu lucro?

Então tive uma outra ideia de tirar algumas fotos e vender como se fosse através de um catálogo, para pegar encomendas antes de produzir, e dessa forma não ter sobra de materiais. Lembrando que nessa data não existiam Instagram e nem fotos digitais, tinha que imprimir e revelar as fotos.

Veja quantos desafios: aprender sobre o gosto dos clientes, aprender que ao longo do tempo eles iriam querer novidades, aprender a vender em datas comemorativas, aprender o que se vendia mais em cada época do ano, aprender que no calor o chocolate derretia e não poderia entregar em qualquer horário, mas sobretudo, aprender a conhecer o meu mercado, o meu público o que podia me fazer vender menos ou mais para os meus clientes.

Aproveitando esse meu exemplo, quero te fazer uma pergunta:

Para quem você vende ou está pensando em vender o seu produto ou serviço?

Já realizei mais de uma centena de mentorias de vendas e até o momento que escrevo esse texto, grande parte dos empreendedores respondem a essa pergunta da seguinte forma: "- Varia bastante" ou então "- Vendo para todo mundo".

- Ok, Adriana! Então, o que eu devo responder? Você deve estar se perguntando.

Vou te contar 3 análises que você precisa executar antes de dar a sua resposta:

1 - Conheça seus clientes

Para entender seus clientes, você precisa conhecer seus hábitos de compra, suas preferências, seus desejos e necessidades. Uma das maneiras mais eficazes de obter essas informações é através de pesquisas. As pesquisas podem ser realizadas online, por telefone, pessoalmente ou por meio de grupos de discussão. O importante é que elas sejam bem planejadas e estruturadas para obter resultados confiáveis e relevantes.

Além disso, você também pode usar outras fontes de informações como: redes sociais, dados de vendas e os *feedbacks* dos clientes.

Se lá na minha historinha eu tivesse feito uma pesquisa como essa, poderia ter poupado recursos.

2 – Segmentando o mercado

Ao conhecer seus clientes, você pode dividir o mercado em segmentos para ter maior êxito. A segmentação de mercado é o processo de dividir o mercado em grupos distintos de consumidores com necessidades, características e **comportamentos semelhantes**. Esses grupos são chamados de segmentos de mercado e podem ser definidos com base em **variáveis** como idade, gênero, renda, localização geográfica, entre outras.

Ao segmentar o mercado, você pode personalizar sua oferta para atender melhor às necessidades de cada segmento, aumentando assim a eficácia de suas campanhas de marketing e vendas. Por exemplo, se você tem uma loja de sapatos, pode segmentar o mercado por idade e oferecer coleções diferentes para cada grupo, como adolescentes, homens, mulheres, jovens adultos e idosos.

3 - Analisando a concorrência

Além de conhecer seus clientes, você precisa conhecer seus concorrentes. A análise da concorrência é o processo de coleta e análise de informações sobre os concorrentes, seus produtos, estratégias de marketing e de preços. Essa análise pode ajudar você a identificar as vantagens competitivas da sua empresa e a identificar oportunidades para melhorar seus produtos e serviços.

Ao analisar a concorrência, é importante não apenas olhar para as empresas que oferecem produtos e serviços semelhantes aos seus, mas também para aquelas que podem oferecer substitutos ou soluções alternativas para os mesmos problemas que você resolve. Por exemplo, se você tem um restaurante, não deve olhar apenas para outros restaurantes, mas também para outros tipos de estabelecimentos que oferecem refeições rápidas, como lanchonetes, *food trucks* e *delivery* de comida.

Entre erros e acertos, mas grandes aprendizados lá na minha historinha, eu consegui levar aquele negócio dos 11 até os 15 anos, praticamente transformei minha casa em uma pequena fábrica de chocolates.

Existe uma análise bônus que você precisa fazer antes e durante a evolução do seu negócio que pode transformar todos os seus resultados que é o acompanhamento das tendências de mercado

As tendências de mercado são mudanças que ocorrem no comportamento do consumidor, na tecnologia, na economia e na sociedade que podem afetar o mercado em geral ou setores específicos. É importante acompanhar as tendências de mercado para se adaptar rapidamente às mudanças. Até grandes empresas tradicionais de luxo como a Kering, dona de marcas como a Gucci têm feito um trabalho forte de rejuvenescimento da marca, sempre buscando lucrar com novas tendências.

Independente se a sua empresa está no mercado já há um certo tempo ou se este é o seu primeiro ato empreendedor, analise seu mercado minimamente, como nos exemplos abaixo. Fazendo isso, tenho certeza, você mudará a visão sobre o seu negócio e ajudará a responder a pergunta que eu te fiz anteriormente:

Para quem você vende ou está pensando em vender o seu produto ou serviço?

Exemplo1

O que vendo?	Tipo de empresa	Interlocutores	Dores/ Desejos/ problemas	Benefícios que entrego	Caso de sucesso
Mentoria de vendas consultivas	Microempresas que começaram a crescer e querem contratar os primeiros vendedores	Dono da empresa	Tem muitas coisas para fazer, sempre foi o único vendedor da empresa, mas não tem mais tempo para vender; tenta contratar vendedores, mas não dá certo.	Não vou te ensinar vender, mas sim a tirar tudo da sua cabeça e a colocar no seu processo comercial, dessa forma vai conseguir contratar uma equipe de vendas e fazer sua empresa crescer de forma estruturada.	Empresa de tecnologia onde o dono era o próprio vendedor, não tinha mais tempo para vendas e a empresa não crescia. Depois da mentoria, a empresa implantou um CRM, contratou 3 vendedores e voltou a crescer com sucesso.

Agora faça uma lista dos seus clientes. Divida-os em A, B e C, onde **A - são os mais desejados, B - ok, posso aceitar e C - aqueles que vou recusar**, pois sei que não serão bons para minha empresa.

	A	B	C
Característica 1- Ex. Homem, mulher, empresa micro, pequena	Desejo clientes com essa característica	Posso aceitar clientes com essa característica sabendo que terei um pouco mais de trabalho	Prefiro não aceitar clientes com essa característica.
Característica 2– localização: cidade, estado, bairro			
Característica 3 - têm um Iphone, bacharel em xxxxx			

Então? Como foi sua experiência colocando as informações nessas tabelas? Que tal agora continuar aprendendo um pouco mais sobre o seu processo comercial? Escreva um e-mail para livro@adriananogueiraon.com.br com a palavra "livro" no campo de assunto, que te envio um link para uma palestra gravada chamada: Ajude seu cliente a comprar.

Agradeço por me acompanhar até aqui, fico à disposição caso você tenha alguma dúvida ou queira fazer um comentário ou compartilhar sua história.

Grande Abraço
Adriana Nogueira On

"Apaixonada por entregar soluções de crescimento para sua empresa.

Adriana Nogueira On"

Agatha Lombardi

Eu sou Agatha Lombardi, formada em Engenharia Civil e mãe da Luiza Lombardi. Comecei a trabalhar com 14 anos na construção civil, atuei nessa área a maior parte da minha carreira, sendo 10 anos como engenheira de obra. Foi quando aos 29 anos decidi mudar completamente de carreira e fui empreender junto ao meu pai na indústria, através de uma fábrica de injeção plástica, a Exata Industrial.

Iniciamos com uma máquina e um funcionário em 2018, e me apaixonei pelo empreendedorismo, - apesar de toda adrenalina que é ter um negócio aqui no Brasil - tudo aquilo fazia muito sentido pra mim. Hoje, em 2023, mesmo passando por uma pandemia nossa estrutura cresceu, estamos com 30 funcionários, 8 máquinas e faturamento de 7 dígitos. Além da Exata, em 2022 fundei a Evolure Cosméticos, uma empresa voltada ao segmento da beleza, criamos skincare personalizado através de inteligência artificial e vendas pelo *e-commerce*.

evolure.cosmeticos

exataindustrial

agatha_lombardi

+55 (11) 94262-7930

3 ESCREVENDO UM PLANO DE NEGÓCIOS

Por Agatha Lombardi

Sempre tive uma inquietação muito grande durante a minha trajetória profissional atuando como engenheira de obras, onde contribui para construção do sonho daqueles empresários. Eu era feliz exercendo essa atividade, mas algo dentro de mim nunca estava completo, nunca estava bom, mas eu não tinha clareza do porquê e o que era. Comecei a trabalhar nessa área com 14 anos, atendendo o telefone no escritório de uma construtora. Terminando o colegial, cursei o técnico em Construção Civil e em seguida Engenharia Civil, acreditava que esse segmento havia me escolhido e esse era meu destino, no entanto, aos 29 anos me deparei com uma "crise existencial" e caiu a ficha que não amava mais aquilo, ou talvez nunca tenha amado, achava que amava por fazer isso por tantos anos.

Foi quando recebi o convite do meu pai para trabalhar com ele gerenciando o setor financeiro, mas o detalhe é que ele é empresário desde os 20 anos de idade, porém já tinha quebrado cinco vezes e naquele momento estava se reestruturando novamente no mercado, pela sexta vez. Eu aceitei, mesmo sem saber se era uma decisão assertiva, mas foi o convite perfeito para mudar de carreira, e se tem uma coisa que o meu pai me ensinou, foi ser corajosa e determinada. Aceitei, porém, com uma condição: dessa vez a empresa se tornaria sólida e promissora.

Foram muitos desafios, descobri que eu era boa somente com números por ser de exatas, mas gerenciar um negócio próprio vai muito além disso, meu primeiro embate foi com a contabilidade. No primeiro ano, fiz inúmeros cursos rápidos de especialidades, tais como: contabilidade, finanças, marketing, técnico em plástico, oratória, gestão de empresas, dentre outros.

E a realidade é que eu mergulhei de cabeça nos estudos porque eu me apaixonei pelo empreendedorismo, ter meu próprio negócio e trabalhar para o meu sonho era exatamente o que faltava enquanto engenheira e não me sentia completa. Deu muito certo e está dando, no início havia somente um funcionário e uma máquina instalada em uma garagem, estávamos em 2018.

Hoje, em 2023, mesmo passando por uma pandemia nós nos estruturamos e crescemos, estamos com 30 funcionários, 8 máquinas e um faturamento com um pouco mais de 7 dígitos.

Confesso que quando comecei, não desenhei um plano de negócios e erramos bastante por isso, perdemos tempo e dinheiro. Estudar e traçar um plano estratégico para sua empresa mitiga possíveis perdas e nos aproxima do sucesso. Para desenhar um plano de negócio eficaz é preciso ter em mente qual será a estratégia de atuação da empresa e seus diferenciais no mercado, estudar os possíveis concorrentes e detalhar as projeções financeiras.

A primeira ferramenta que deve ser utilizada é a **Análise FOFA** (**F**orças, **O**portunidades, **F**raquezas e **A**meaças) ou conhecida também como SWOT (**T**rengths, **W**eaknesses, **O**pportunities e **T**hreats). Ter clareza dos pontos fortes da empresa, como recursos, competências distintas, vantagens competitivas, ativos tangíveis ou intangíveis contribui, e muito, para reconhecer as áreas em que a empresa tem uma vantagem sobre os concorrentes. Realizar uma análise sobre as oportunidades no ambiente externo que podem ser aproveitadas para o sucesso do seu negócio, que pode incluir novos produtos/serviços, mudanças na legislação, avanços tecnológicos ou mudanças nas preferências dos consumidores. Identificando essas oportunidades, você pode direcionar seus esforços para aproveitá-las.

Ao identificar os pontos fracos, como falta de recursos, deficiências operacionais ou possíveis desafios internos, você poderá tomar medidas preventivas para evitá-los. Isso pode envolver a implementação de cursos de especialização, aquisição de recursos adicionais ou busca de parcerias estratégicas.

Com a consciência de possíveis ameaças externas, como a entrada de novos concorrentes, mudanças na demanda do mercado, instabilidade econômica ou avanços tecnológicos por parte dos concorrentes, você pode se preparar melhor e desenvolver estratégias de mitigação.

Em resumo, essa ferramenta é poderosa para nortear as empresas a avaliar sua posição no mercado, identificar áreas de melhoria e tomar decisões estratégicas mais informadas. Ela oferece uma visão abrangente dos fatores internos e externos que influenciam o desempenho do seu negócio.

A segunda ferramenta extremamente importante para compor seu plano de negócios é uma criar uma **gestão financeira projetada**. Nela, precisa ser analisado:

- Qual será o investimento inicial necessário e/ou necessidade de financiamento.

Saber o investimento inicial necessário permite avaliar a viabilidade do negócio. Ao comparar os custos iniciais com a capacidade de financiamento disponível, é possível identificar se o empreendimento é viável financeiramente. Isso ajuda a evitar a abertura de uma empresa que não tenha recursos suficientes para operar adequadamente. Permite também a adoção de medidas adequadas para gerenciar o fluxo de caixa, manter a sustentabilidade financeira e evitar surpresas desagradáveis ao longo do caminho.

- Projeções de vendas

Com base nas informações coletadas, estime a demanda do mercado. Considere fatores como a necessidade do produto ou serviço, o preço, a disponibilidade de produtos substitutos e as preferências dos consumidores. Utilize dados históricos, se disponíveis, ou faça suposições fundamentadas para estimar o número de vendas. Determine a estratégia de precificação com base em seus custos, valor percebido pelo cliente e preços praticados no mercado. Analise como diferentes cenários de precificação podem afetar suas projeções de vendas.

- Orçamento de custos operacionais e despesas

Liste todas as categorias de custos e despesas que você espera incorrer ao abrir e operar seu negócio. Isso pode incluir aluguel, salários e benefícios dos funcionários, matéria-prima ou estoque, marketing e publicidade, serviços públicos, impostos, custos legais e contábeis, entre outros. Faça pesquisas de mercado e consulte fornecedores para obter estimativas realistas desses custos.

Não se esqueça de incluir despesas menos óbvias, como licenças e taxas regulatórias, taxas bancárias, custos de viagem e representação, e despesas de *softwares* e tecnologia. Verifique com autoridades locais e especialistas para garantir que todos os requisitos legais e regulatórios estejam considerados.

- Fluxo de caixa projetado

Considere os pagamentos iniciais ou adiantamentos que você espera receber dos clientes antes de fornecer os produtos ou serviços. Esses pagamentos podem variar dependendo do setor e da política de pagamento da empresa. Estime a porcentagem de receitas que virão de pagamentos antecipados e incorpore-os ao fluxo de caixa. Identifique também os custos diretamente relacionados à produção ou entrega dos produtos ou serviços. Isso pode incluir custo de matérias-primas, mão de obra direta, embalagem, transporte, entre outros. Estime esses custos com base em fornecedores, pesquisa de mercado e experiências anteriores. Monitore o saldo de caixa: calcule o saldo de caixa projetado para cada período, levando em consideração as entradas e saídas de dinheiro. Acompanhe cuidadosamente o saldo de caixa ao longo do tempo para identificar períodos de déficit de caixa ou necessidades de financiamento.

- DRE projetado

Calcule a margem bruta subtraindo os custos de vendas das receitas projetadas. Essa margem representa a lucratividade bruta do negócio antes de considerar as despesas operacionais. Subtraia as despesas operacionais da margem bruta para obter o lucro operacional. Isso indica a lucratividade do negócio antes de considerar itens como impostos, juros ou outros fatores não operacionais. Adicione ou subtraia as outras receitas e despesas ao lucro operacional para obter o lucro antes dos impostos e o lucro líquido é o resultado final do DRE projetado. Representa a lucratividade líquida do negócio após todas as despesas, incluindo impostos. Faça isso projetando para, no mínimo, 5 anos.

A terceira ferramenta muito valiosa a ser analisada é **estratégia de marketing e vendas**, plano de vendas e distribuição, marketing online e offline.

Desenvolva uma proposta de valor e defina claramente o que torna seu produto ou serviço único e valioso para os clientes. Identifique os benefícios que você oferece e como isso se diferencia da concorrência, essa proposta de valor deve ser a base da sua estratégia de marketing e vendas.

Escolha os canais de marketing adequados e selecione os mais relevantes para alcançar seu público-alvo. Isso pode incluir estratégias online, como redes sociais, marketing por e-mail, otimização de mecanismos de busca (SEO) e marketing de conteúdo, bem como estratégias offline, como eventos, publicidade tradicional ou parcerias estratégicas.

Defina também metas específicas e mensuráveis para suas atividades de marketing e vendas, isso pode incluir metas de vendas, geração de leads, aumento da visibilidade da marca ou engajamento nas redes sociais. Estabeleça indicadores-chave de desempenho (KPIs) relevantes para monitorar seu progresso e fazer ajustes conforme necessário.

Crie um plano de vendas que descreva suas estratégias para alcançar os clientes, gerar leads, converter vendas e manter relacionamento com os clientes. Identifique as táticas de vendas, treinamentos necessários para sua equipe de vendas e os processos para acompanhar e fechar negócios. E defina um orçamento realista para suas atividades de marketing e vendas. Considere os custos associados à criação de materiais de marketing, publicidade, participação em eventos, contratação de profissionais de marketing e ferramentas tecnológicas necessárias. Acompanhe e ajuste o orçamento à medida que a empresa se desenvolve.

A partir desses três pilares iniciais, **Análise FOFA/SWOT, Gestão financeira Projetada e Estratégia de Marketing e Vendas**, é possível escrever um plano de negócios visando o sucesso do seu projeto otimizando seu tempo. E além de todos esses pontos, tenha coragem, resiliência, acredite no seu potencial e no seu sonho. A sorte favorece os ousados!!

"A sorte favorece os ousados."

Agatha Lombardi

Alberes Costa

Me chamo Alberes Costa, sou apaixonado pelo desenvolvimento humano e vendas, trabalho no varejo há 20 anos e já passei por algumas empresas multinacionais, liderando centenas de pessoas em 3 estados.

Desde muito cedo entrei no mundo do empreendedorismo, mas sempre empreendendo e trabalhando CLT. Depois da pandemia, decidi me dedicar ao trabalho de consultoria e treinamentos.

alberes.costa

alberescosta

+55 (81) 9921-7903

alberescosta@rocketmart.com.br

www.rocketmart.com.br

4 CONSTRUINDO UMA EQUIPE DE SUCESSO

Por Alberes Costa

Olá! Neste capítulo vou compartilhar com vocês a minha experiência empírica sobre gestão de pessoas e como montar uma equipe de sucesso.

Trabalho há mais de 15 anos contratando, treinando e desenvolvendo pessoas, atuei em algumas multinacionais e empresas privadas, em cargos executivos e de liderança. Atualmente sou empresário, sempre acreditei que não existem negócios sem pessoas, elas são a base para a construção de uma empresa de sucesso.

Construir uma equipe de sucesso é um desafio para qualquer líder ou empreendedor, pois a qualidade da equipe tem um impacto direto no sucesso do negócio. Um fato importante é definir a **missão, visão** e **valores** da sua empresa, isso vai lhe dar direção e clareza para contratar e seguir as diretrizes da cultura da sua empresa. Vou citar alguns exemplos que utilizo para construir uma equipe de sucesso:

Defina as competências necessárias - Antes de começar a recrutar, defina quais são as competências necessárias para a função e para a cultura da empresa. Liste as habilidades técnicas e comportamentais que você espera de cada membro da equipe, essa é uma tarefa muito importante, pois está diretamente ligada aos valores da sua empresa.

Selecione com cuidado - Recrute pessoas com base em suas habilidades, experiência e valores. Não se concentre apenas em encontrar pessoas que tenham habilidades técnicas, mas também procure aqueles que se encaixem bem na cultura da empresa, pois a parte comportamental é mais importante que a parte técnica na maioria dos cargos, já contratei dezenas de pessoas pelas competências técnicas e tive que demitir pelo comportamento.

Invista em treinamento - Mesmo que você contrate pessoas com habilidades e experiência, é importante fornecer treinamento para que todos estejam alinhados em relação aos processos, expectativas e objetivos da empresa. Se possível, crie uma universidade corporativa, onde você consiga acompanhar toda a capacitação e desenvolvimento do seu time, tenha um processo de *Onboarding* (Integração de colaboradores na empresa), você vai diminuir os erros operacionais e a rotatividade de colaboradores.

Comunicação Assertiva - Comunique claramente as expectativas, objetivos e metas da empresa para cada membro da equipe. Certifique-se de que todos compreendam a visão da empresa e como o trabalho de cada um contribui para alcançá-la. Uma prática que faço em todas as empresas por onde passei, é construir uma árvore dos sonhos: eu preciso saber o sonho de cada colaborador e a empresa se torna um meio pelo qual ele vai chegar neste objetivo. Uma forma lúdica como uma árvore colada em banner ou cartolina, emborrachada, vale tudo para que eles colem nesta árvore a imagem do sonho que pretendem realizar e o prazo para realização. No final do ano, comemoramos a realização do seu objetivo e desta forma os objetivos entre empresa e colaborador estarão sempre alinhados.

Delegar - Delegue tarefas com base nas habilidades e interesses de cada membro da equipe. Isso ajudará a motivá-los e a aumentar sua produtividade. Em resumo, a delegação é importante porque pode aumentar a eficiência geral da equipe, melhorar a qualidade do trabalho, desenvolver habilidades do time, promover a colaboração e aliviar a carga de trabalho do líder. Para que a delegação seja eficaz, o líder deve escolher as pessoas certas para as tarefas certas, fornecer as informações e recursos necessários, acompanhar regularmente o progresso da equipe, pois a falta de acompanhamento do que foi delegado pode trazer problemas para empresa e para o líder.

Não tenha medo de delegar por medo de perder seu cargo ou posição, é nosso dever como líder treinar e desenvolver nossos liderados para que possamos ter substitutos melhores que nós.

Fomente um ambiente de colaboração - Estimule a colaboração entre os membros da equipe, incentive a troca de ideias e crie um ambiente em que todos se sintam confortáveis em compartilhar opiniões e sugestões. Se tem algo que aprendi é que não vou a nenhum lugar sozinho, não sei de tudo, por isso, estimulo a criatividade e sugestão da equipe. É preciso ouvir o que está na ponta, costumo dizer que a o problema e a solução estão na ponta.

Você pode criar um dia na semana ou no mês para ter um momento com seu time para fazer um *Brainstorming* (tempestade de ideias) ou *Brainwriting* (tempestade de palavras), neste modelo cada um escreve suas ideias e pode não se identificar.

Um ambiente de colaboração pode ser fundamental para o sucesso de uma equipe e da organização como um todo. Portanto, é importante trabalhar ativamente para criar um ambiente em que todos se sintam valorizados, ouvidos e incentivados a contribuir.

Reconhecimento e Recompensa - Costumo utilizar nas minhas equipes o método RECO X RECO, sendo RECO (reconhecimento), RECO (recompensa). É de extrema importância criar mecanismo de reconhecimento pelo trabalho realizado, metas alcançadas, missão cumprida, às vezes até um elogio, um recado no *post-it* podem deixar o colaborador satisfeito e valorizado. Geralmente, coloco a foto do colaborador em um lugar de destaque, onde todos que passem consigam visualizar, clientes e colaboradores ou uma carta ou certificado, parabenizando pela entrega. Esta prática sempre me deu muito retorno e este fato acontece nas reuniões de fechamento do mês, onde todos os colaboradores estão presentes, desta forma motivamos quem se destacou e despertamos o desejo dos outros colaboradores.

A recompensa é algo monetário, pode ser uma folga, cartão-presente, dinheiro, entre outros; costumo escutar os colaboradores, pois os desejos são diferentes, precisamos tratar cada um de acordo com seus anseios. Em resumo, o reconhecimento e a recompensa são importantes para a motivação, a produtividade, a retenção de talentos, o ambiente de trabalho positivo e uma cultura de alta performance.

Feedback - Esteja aberto a receber feedback dos membros da equipe e esteja disposto a fazer ajustes e mudanças conforme necessário, crie uma rotina de acompanhamento da equipe e realize feedback pontuais, e se possível também por escrito, através de ferramentas como planilhas. Ele reduz a tensão e conflitos: o feedback fornece uma oportunidade para discutir e resolver quaisquer problemas que possam estar prejudicando o desempenho do funcionário ou da equipe. Todos os meus liderados tinham ciência do que precisavam melhorar e dos seus pontos fortes.

Uma ferramenta que recomendo a todos gestores e empreendedores a aprender é o DISC, você precisa entender o comportamento de cada colaborador, isso vai lhe ajudar, colocar as pessoas certas nos lugares certos.

Resolução de conflitos - É importante ter habilidades de resolução de conflitos na equipe, com membros da equipe capazes de lidar com conflitos de forma construtiva e produtiva. Essa é uma habilidade importante, que todo gestor precisa ter e essa experiência vem com o tempo, antes de acertar você vai errar muito. O líder precisa ser justo e neutro, não pode ter lado ou preferidos e nem fugir de conflitos, pois são eles que irão lhe amadurecer, eles são desafiadores, mas pode ser uma oportunidade para construir relacionamentos mais fortes e criar um ambiente de trabalho mais colaborativo e participativo na sua equipe.

Outro grande conflito que nos ajuda a amadurecer, é quando temos uma equipe desmotivada, esses colaboradores podem não estar envolvidos em seu trabalho e não se importar com o sucesso da empresa. Isso pode resultar em uma cultura de trabalho negativa, falta de colaboração, falta de comunicação e perda de clientes por insatisfação. É preciso agir rápido assim que identificarmos, quanto mais rápido agirmos, melhor será para a equipe e para empresa.

Aprendizado contínuo - O líder e sua equipe devem estar abertos a aprender continuamente, seja através do feedback ou da busca por novas habilidades e conhecimentos. Existem muitas maneiras de realizar o aprendizado contínuo, incluindo treinamentos formais, cursos *online, workshops, networking* e leitura de livros e artigos relevantes. O importante é continuar aprendendo e desenvolvendo novas habilidades e conhecimentos para ter sucesso pessoal e profissional.

O aprendizado nunca acaba, fomos criados à imagem e semelhança do Criador. Somos uma máquina de aprender, porém alguns colaboradores caem na zona de conforto e param de aprender, isso faz com que a empresa fique estagnada pela limitação dos seus líderes e liderados. Não existe fracasso, "eu nunca perco, ou aprendo ou ganho", este *drive* mental sempre ensinei e ensino aos meus liderados, para que eles não tenham medo de errar ou fracassar, pois todo sucesso vem de vários fracassos.

Uma grande lição que aprendi na minha jornada de gestor e empreendedor, é a liderança pelo exemplo e atitude positiva. Liderar pelo exemplo é uma estratégia muito eficaz para motivar a equipe e alcançar melhores resultados. Quando um líder mostra comportamentos positivos e éticos, ele cria um ambiente de trabalho positivo e inspira os membros da equipe a fazerem o mesmo. Liderar pelo exemplo também é uma forma de construir confiança e credibilidade com a equipe, já que os membros podem ver que o líder é autêntico e segue seus próprios conselhos.

Não tenha medo de desenvolver pessoas, por mais desafiador que seja; quando você ensina, aprende duas vezes e ganha admiração, respeito e multiplica talentos.

A atitude positiva é uma mentalidade que nos ajuda a enfrentar desafios e dificuldades de forma otimista e construtiva. Ter uma atitude positiva pode ajudar-nos a lidar com o estresse, a manter o foco nos nossos objetivos, a melhorar nossos relacionamentos e a alcançar o sucesso em nossas atividades. É importante lembrar que uma atitude positiva não significa que ignoramos ou negamos as dificuldades que enfrentamos, mas sim, que enfrentamos essas dificuldades de forma otimista e construtiva.

Para se ter uma equipe de sucesso, é preciso ter pessoas engajadas, focadas, treinadas e unidas no mesmo proposito. As pessoas de sucesso têm algo comum: elas sempre fazem mais do que se é pago, tem clareza do seu objetivo e não dão desculpas.

Por fim, acredito que seguindo estes tópicos e aplicando tudo que escrevi, você terá uma equipe de sucesso e sua empresa irá prosperar ainda mais.

Um forte abraço!

> **“Montar uma equipe de sucesso é como construir uma fortaleza inabalável.”**
>
> Alberes Costa

Ali do Amaral

Eu sou Ali do Amaral Pedrozo, natural de Foz do Iguaçu, terra das Cataratas no interior do Paraná. Sou formado em Ciência da Computação e pós-graduado em Redes e Segurança de Sistemas.

Atualmente, sou CEO de duas empresas: uma no ramo de telecomunicações fora do Brasil, situada em 4 cidades no interior do Paraguai e a outra no ramo de desenvolvimento de *software*, onde crio sistemas web sob medida e aplicativos.

Criador da plataforma ALSO (sistema de controle de processos para agências de marketing). Atuo como palestrante, treinador e mentor direcionado a "negócios, pessoas e processos", já treinei mais de 1.000 pessoas.

alidoamaral

ali.foz@gmail.com

+55 (45) 98809-2266

5 AVALIANDO A VIABILIDADE DE UM NEGÓCIO

Por Ali do Amaral

Em minha juventude no interior do Paraná, pude observar de perto um grande empreendedor: meu próprio pai. Ele nasceu em Guaíra, também no interior do Paraná e não teve acesso aos estudos, ele mal chegou à 4ª série, mal sabia ler. Sou filho único, nascido na terra das cataratas. Lembro-me que ele trabalhou durante um tempo como garçom e depois decidiu trabalhar por conta própria, ou seja, empreender. Ele comprava e vendia produtos aleatórios, não tinha uma linha específica, comprava o que "tinha saída" e se aventurava na venda. Para falar a verdade, naquela época eu não tinha a mínima ideia do que era empreender. Na escola, os pais dos meus amigos eram médicos, engenheiros, então, imagine como era difícil dizer qual era a profissão do meu pai, eu apenas dizia que ele era autônomo.

Acontece que quando não temos estudo algum e estamos à mercê da nossa própria intuição, fazemos muitas coisas de forma desordenada. Muito do que meu pai comprava ficava parado e ele não conseguia vender. Em sua mente, ele achava que um dia venderia, mas isso nunca aconteceu. Ele também vendia fiado para amigos, que só se aproveitavam da sua boa vontade e demoravam para pagar, se é que pagavam; meu pai era bonzinho demais. Todos estes fatos o adoeceram. Ele não teve sucesso empreendendo, então se entregou ao vício do álcool, ficou doente e nos deixou quando tinha 55 anos. Ficou para trás um monte de mercadorias obsoletas e que, no final, grande parte eu tive que jogar no lixo. Ninguém que lhe devia apareceu.

Uma grande verdade sobre a vida é que o que a gente vê e o que a gente vive, trazem ensinamentos profundos, basta estarmos dispostos a aprender. Como consequência, me dediquei aos estudos, terminei o colégio, terminei uma faculdade, fiz uma pós-graduação e trabalhei em uma empresa de *softwares* durante 11 anos, onde me desenvolvi e aprendi muito sobre vários tipos de negócios. Eu reforcei meus conhecimentos de computação, aprendi como os negócios funcionam na prática e como eles geram riqueza.

A empresa possuía um sistema ERP e alugava a licença dele para um número grande de lojas no Paraguai. Um sistema ERP é um sistema que ajuda as empresas a controlarem o seu estoque, o caixa, os funcionários, as despesas, as vendas, as notas fiscais, enfim, todo o controle que qualquer empresa precisa para ter sucesso em sua jornada.

O meu trabalho era corrigir pequenos *bugs* (erros de programação) que o sistema tinha. Um cliente, por exemplo, solicitava um suporte porque um relatório de vendas não apresentava uma margem de lucro correta. À primeira vista, parece algo simples, mas para identificar o problema eu sempre fazia um raio x de tudo o que tinha ocorrido antes com cada produto, com cada compra, com cada venda, para então chegar à conclusão do que estava errado e do que eu deveria relatar para os programadores, para eles conseguirem corrigir o erro. Aqui foi onde eu me desenvolvi muito e também me relacionei com muitos empresários. Eles me ensinaram quais eram os "números" que analisavam para saber se o negócio estava indo bem ou mal e suas estratégias para dominar o mercado.

Comecei então a entender verdadeiramente como uma empresa funciona. Como funciona uma empresa viável. Como o dono realmente consegue ter certeza sobre o caminho que está percorrendo, se ele vai alcançar ou não o objetivo que deseja.

Depois de sair dessa empresa, implementei dois negócios que, nos dias de hoje (2023), juntos faturam aproximadamente R$ 2 milhões e meio por ano. O sucesso nestes dois negócios se deu por dois fatores: o primeiro foi a expertise que adquiri ao longo dos 11 anos e o segundo, foi ter avaliado muito bem ambos os negócios para ter certeza de que eles eram viáveis.

Quando pensamos em avaliar a viabilidade de um negócio, há basicamente duas linhas de pensamento: a primeira, é sobre um negócio que já existe e você deseja entender se ele é viável para o seu momento e a segunda, é sobre um negócio que não existe e você tem uma proposta de criação de um novo negócio.

Falando especificamente de um negócio que já existe e queremos saber se ele é viável, temos pelo menos 7 variáveis a considerar:

1. Já existe um negócio desses na região onde desejo atuar?

A primeira variável é a concorrência. É muito improvável você trabalhar em um negócio existente que não haja concorrência. Então temos o seguinte questionamento: "Quantas empresas no mercado onde quero atuar oferecem o mesmo produto ou produtos semelhantes?". Se a resposta for "poucas" você está em um mercado de baixa concorrência. Se a resposta for muitas, você está em um mercado de alta concorrência. O ideal é estar sempre em um mercado de baixa concorrência.

2. Tenho experiência nesta atividade ou vou comprar uma expertise pronta?

A segunda variável é o conhecimento. Se você já teve alguma experiência no ramo que quer atuar, terá menos dificuldades no dia a dia do negócio. Se você contratar uma *expertise* pronta, possivelmente uma franquia, ganhará por um lado e perderá por outro. Ganhará no sentido de ter outra empresa por trás, que irá te ensinar passo a passo tudo o que você precisa fazer no dia a dia para tocar a operação e perderá porque uma porcentagem de todo o resultado do seu trabalho deverá ser pago para a empresa que você contratou (royalties).

3. Tenho tempo para trabalhar no negócio ou vou contratar e treinar pessoas?

A terceira variável é o tempo. Você possui tempo hábil para se dedicar ao negócio? Se a resposta for sim, você terá a oportunidade de viver a operação do negócio diariamente. Isso te ajudará a sentir o mercado e tomar melhores decisões. Se a resposta for não, você terá que contratar um profissional para gerenciar o empreendimento por você.

4. Qual é o ROI que este negócio deve lhe trazer?

A quarta variável é o ROI (Return Of Investiment), o retorno sobre o investimento. Quando você for investir em um negócio, é importante você saber quando ocorre o ROI dele, ou seja, quando o dinheiro que você investiu retornará novamente para você e principalmente se este tempo é satisfatório, afinal, não poderemos esperar para sempre.

5. Tenho capital suficiente para investir neste negócio sem afetar minha vida pessoal enquanto não atingir o ROI?

A quinta variável é o capital (dinheiro). O melhor cenário é onde você tem dinheiro suficiente para investir no negócio e não depender deste negócio para viver. Como nem sempre isso é possível, as próximas duas possibilidades são: você investir todas suas economias no negócio ou buscar esse capital em um banco, por exemplo. Cuidado quando for investir tudo que você tem, pois aí você se aproxima muito do risco de perder tudo.

6. Qual é o potencial de crescimento que este negócio oferece?

A sexta variável é o potencial de crescimento. Toda empresa, em sua jornada, passa por períodos de crescimento. O negócio que você deseja entrar já atingiu seu potencial máximo ou ainda possui espaço para crescimento? Se ele já atingiu seu potencial máximo, isso significa que seus ganhos neste negócio não atingiram um patamar maior do que o patamar atual. Se ele não atingiu e você consegue potencializar ainda mais este negócio, as chances de ganhos são bem maiores do que o estado atual.

7. O negócio possui um sistema que apresenta dados confiáveis?

A sétima variável são os dados. Existem dados que podem ser analisados? Por que os dados são tão importantes? Eles são fundamentais para um entendimento profundo do negócio. Através deles, podemos saber se o negócio está em ascensão ou declínio. Busque entrar em negócios onde existem dados e fatos. Dados conscientes levam à decisões assertivas.

Estas variáveis irão te ajudar a identificar se o negócio que você deseja entrar é realmente viável. Foi isso que eu utilizei para criar os dois negócios milionários que possuo.

Também é possível criar um negócio que não existe. Mas como poderíamos saber se ele é viável se ele não existe? Para avaliar a viabilidade de um negócio novo, devemos pensar nas seguintes questões, além das que já foram citadas anteriormente:

1. Qual é o problema que eu resolvo?

Antes de um negócio ser viável, deve-se existir a clareza de que ele resolve muito bem um problema. Se ele não resolver problema algum, ele não é um negócio. A base de qualquer negócio é ser solução para algo.

2. O problema que eu resolvo é perceptível a um público razoável?

O público é o mercado. Existe um número razoável de pessoas que percebem a sua solução como a solução do problema delas também? Por que isso é importante? Às vezes, criativamente, criamos uma solução muito boa para determinado problema, porém, na percepção de outras pessoas essa solução não é boa, é como dizem: "não compram a ideia". Quanto mais pessoas você impactar com sua solução do problema, mais viável é investir nesta solução.

3. É possível validar essa solução sem gastar muito?

Validar é ir para o mercado e observar se a solução é de fato aceita pelo mercado e o mercado paga por ela. Muitas pessoas criam toda uma estrutura de negócio sem validar e quando entram na etapa de validação percebem que jogaram dinheiro fora. Por isso, nesta etapa é muito importante que você valide e que gaste o mínimo possível e acredite, por mais atrativo que pareça um negócio, o mercado é quem decide aceitar ou não.

Se o seu novo negócio resolve muito bem um problema, tem um público razoável e você pode validá-lo sem gastar muito, o próximo passo é observar as variáveis citadas anteriormente, eles vão nortear o seu desenvolvimento deste produto. Nos negócios que criei e nos negócios que ainda criarei, tenho como base: a análise de concorrência, se possuo conhecimento, se tenho tempo suficiente para me dedicar ao negócio, se existe ROI, se tenho capital disponível para investir, se o negócio tem potencial de crescimento e se tenho dados consistentes para ter certeza de que o negócio é viável. Entender cada uma dessas variáveis vai te trazer clareza para tomar uma decisão consciente e com maiores chances de conquistar tanto o desejo que você almeja.

"Nunca entre em um negócio sem antes ter certeza de que ele é viável."

Ali do Amaral

Bruna Lobianco

"Revelar e explorar o potencial de pessoas e negócios, promovendo aprendizado e organização para uma gestão estratégica."

Esse é meu propósito e estou há 20 anos acelerando a produtividade e os resultados de negócios, produzindo e empregando o uso de metodologias e ferramentas para elaboração de Planejamento Estratégico e Consultoria Organizacional.

Sou certificada pela ABRACEM, tenho MBA em Gestão de Negócios pelo IBMEC, especialização em Design e Negócios de Bares e Restaurantes pelo CCE/PUC; graduação em Psicologia pela PUC.

Hoje, sou cofundadora e CEO da Carpa Consultoria, sócia do Figs (padaria artesanal) e de empresas familiares (Free Motel e Autotrafo Instalações Elétricas e Solares).

bruna.lobianco

bruna@carpaconsultoria.com.br

carpaconsultoria.com.br

+55 (21) 99923-2315

6 GERENCIANDO O TEMPO E A PRODUTIVIDADE

Por Bruna Lobianco

Estudei, basicamente, em uma única instituição de ensino a vida inteira, então, minhas primeiras e principais lembranças são dessa época. Além dos grandes amigos que fiz, me recordo com saudosismo das atividades extracurriculares: representante de turma, oradora de formaturas, mestre de cerimônias; além de ensinar a matéria para os demais alunos e dar aula de alfabetização para serventes.

Esse colégio usava o slogan "Formando Empreendedores" e aquele ambiente me permitiu, ainda muito nova, identificar minhas competências natas e desenvolvê-las com afinco – minha aversão a ser nota 7 agradecia dia após dia! Ali eu já entendia que era possível fazer o que eu amava e ser reconhecida por aquilo! Pronto! Meu autoconhecimento me direcionou e agora eu tinha um propósito. Tracei um plano e não tinha tempo a perder. Eu precisava produzir! Saí de um colégio que formava empreendedores, fui para uma faculdade que tinha um núcleo de empreendedorismo e passei no processo seletivo para trabalhar no RH da Empresa Júnior. Lá, me destaquei como gestora de pessoas, afinal... Revelar e explorar o potencial de pessoas era comigo mesma.

Rapidamente a Psicologia e o RH se tornaram pequenos e eu queria mais! O presidente daquela empresa, analisando meu perfil, criou o cargo de vice-presidente e expandiu ainda mais meu horizonte e conhecimentos sobre o mundo empreendedor. Agora, eu revelava e explorava, também, o potencial de negócios!

Me formei e precisei me desligar da Empresa Junior da faculdade. Com a interdisciplinaridade na veia e torcendo para que os dias tivessem mais de 24h, cronometrava minha agenda para prestar consultoria de forma independente, fazer MBA em Gestão de Negócios e, em paralelo, Especialização em Design e Negócio de Bares e Restaurantes.Abri minha consultoria, me tornei sócia do meu pai e de demais empresários em negócios, de segmentos distintos, fiz outras especializações dentro e fora da minha área, sou consultora das principais incubadoras de negócios da América Latina e a prova de que os generalistas podem sim, vencer em um mundo de especialistas, desde que, além de iniciativa, tenha acabativa! E a única forma de fazer isso é com muito planejamento e organização!

Sabemos que vida do empreendedor é agridoce! Temos mais liberdade, mas para gerirmos melhor nosso tempo e sermos mais produtivos, obrigatoriamente, precisamos ter propósito e metas claras. É como investir... você precisa, primeiramente, identificar seu perfil para só então traçar um plano e conseguir alcançar sua meta. Gerir um negócio é traçar planos para o futuro. Como diz Lewis Carroll: "Se você não sabe para onde ir, qualquer caminho serve". Quanto mais você estudar, obtiver conhecimento sobre o seu mercado e o mundo empreendedor, mais claras e factíveis serão suas ideias, estratégias e metas.

Ao longo dos meus 20 anos de carreira e sendo uma líder consciente de mim mesma, das organizações, do mercado e da sociedade, usando como base as principais ferramentas de modelagem de negócio empregadas em multinacionais, criei uma metodologia própria que atende a qualquer segmento, em qualquer estágio que ele esteja.

O Método EAG ilustra a engrenagem: Estratégia > Ação > Gestão.

Para ter uma gestão de alto impacto você precisa, primeiramente, de um planejamento estratégico, pois é ele que criará uma estratégia sólida, baseada no seu propósito, para que você consiga gerar um Plano de Ação para ser colocado em prática.

Fazendo uso de uma metodologia ágil e intuitiva, o planejamento estratégico pode ser elaborado com o preenchimento consistente de 4 ferramentas: Core Business Canvas, Matriz BCG, Análise SWOT e Business Innovation Canvas.

O Core Business Canvas contextualiza e define a Cultura Organizacional, elaborando a razão de existir, as metas de curto, médio e longo prazo e a identidade do negócio; além dos benefícios e resultados para o público externo e interno.
A Matriz BCG auxilia na análise e elaboração do portfólio de produtos e serviços, direcionando onde manter o foco. Já a Análise SWOT mapeia as forças e fraquezas

do mercado interno, além das oportunidades e ameaças do mercado externo, visando o desenvolvimento e crescimento da empresa.

Por fim, a Business Innovation Canvas posiciona o negócio considerando os atributos de inovação contidos na sua proposta de valor e na de seus concorrentes, em busca de um diferencial que o destaque da multidão.

Com a definição dessas estratégias e das diretrizes muito bem delimitadas, o responsável tático direciona a gestão a ponto de gerar impacto nos indicadores, garantindo a sustentabilidade do negócio e sua constante evolução.

Para colocar um plano em prática, um bom líder necessita de processos mapeados e pessoas com as competências necessárias para desenvolvê-los. Se a organização e o planejamento não forem competências natas, precisam ser desenvolvidas para a otimização do tempo e aumento da produtividade.

Apresente as estratégias e metas para a equipe, utilize e dissemine a cultura mental de uso da Matriz Eisenhower – sabendo distinguir o que é urgente do que é importante, ela gera benefícios imensuráveis.

É simples! **Importante** é tudo aquilo que está atrelado às metas traçadas no planejamento estratégico. Afinal, é para isso que você desenvolverá um para sua empresa; para que tudo, daqui para frente, esteja atrelado ao seu propósito e para que você alcance suas metas.

Urgente é aquilo que você precisa resolver imediatamente porque gera impacto direto na produção/faturamento, é o clássico "apagar incêndio"; é aquilo que, provavelmente, vai tomar algumas horas do seu dia com trabalho operacional, mas que tem que ser feito.

Agora que você consegue distinguir urgente de importante, segmente suas tarefas dessas 4 formas:

Faça imediatamente: aquilo que é urgente e importante.

Agende: aquilo que não é urgente, mas é importante.

Delegue: aquilo que é urgente, mas não é importante.

Elimine: aquilo que não é urgente, nem é importante.

Entendido isso – e só após ter entendido isso – elimine lixos mentais e utilize 3 sugestões simples e práticas que vão te ajudar a produzir mais, usando menos recursos (tempo, dinheiro, pessoas...):

Agenda – Se possível virtual, intuitiva e de fácil acesso a qualquer momento. Nela, você anotará suas reuniões e atividades importantes como elaboração e/ou análise de relatórios / indicadores, assim como compromissos pessoais. Você é um só! Sua agenda também.

Dica: Se você é visual, criar um esquema de cores já é metade da organização; se é auditivo, a Siri poupa seu tempo, repassando tudo com você enquanto você toma café da manhã.

Planner / *To do list* – Com base na sua agenda, você planejará seu dia de forma mais assertiva. Afinal, de nada adianta listar várias tarefas em um dia cheio de reuniões ou consultas médicas.

Dica: Tenha um *planner* físico semanal e no último ou primeiro dia da semana, agende um tempo de qualidade (1h costuma ser suficiente) para analisar a semana que passou e planejar a semana que está por vir. Antes de listar suas tarefas, passe sua agenda pré-definida para o *planner*. Com base nas suas metas mensais (traçadas no Core Business Canvas), crie metas semanais e, independente de qualquer incêndio que precise apagar no dia a dia, você tem um compromisso importante pré-estabelecido entre sua empresa e você.

Técnica Pomodoro – Gerenciamento de tempo, via cronômetro, para tiros de produtividade. Você foca 100% em uma atividade/projeto por 25 minutos e faz uma pausa de 5 minutos de descanso. A sugestão é que você faça 4 ciclos pomodoro e, ao final, descanse de 15 a 30 minutos, até que retorne mais 4 ciclos, caso ainda seja necessário.

Dica: Use naqueles dias curtos, em semanas de feriado, pré ou pós-férias...

Acredite! Isso é tudo que você precisa para começar a gerir melhor seu tempo e ser mais produtivo!
Dependendo do estágio do seu negócio, aconselho veementemente que você tenha, pelo menos, um(a) assistente virtual. Parece luxo, mas para ser mais estratégico e tático, você não pode perder tempo com o operacional. Existem excelentes profissionais no mercado que, ao exponenciar seu trabalho,

conseguem oferecer seus serviços por um custo mensal que é um excelente custo x benefício. O mesmo serve para sistemas de ERP, CRM e, até, IA.

Ao utilizar cada metodologia e ferramentas sugeridas nesse capítulo, você certamente perceberá uma incrível melhora na gestão do seu tempo, o que automaticamente refletirá na sua produtividade. Bater metas te aproxima da tão sonhada liberdade. Cada vez mais você perceberá que: planejamento e organização geram produtividade e qualidade de vida!

Não precisa ser perfeito, tem que ser feito! Então, comece com o que tem. Lembre-se que a disciplina sempre vence a motivação! Nosso cérebro é preguiçoso e tende a achar tudo mais difícil do que realmente é.

Como diz Edipo Rocha: "Não existe falta de tempo, existe falta de prioridade". Todos nós temos as mesmas 24 horas todos os dias, o que muda são nossas escolhas e como vamos nos beneficiar dessas horas.

Você é um empresário que tem um *hobby* caro ou é um empreendedor que tem capacidade de identificar problemas e oportunidades, desenvolver soluções e investir recursos na criação de algo próspero?

Não adianta entender DO negócio, tem que entender DE negócio. É essa mentalidade empreendedora que baliza os empresários dos empreendedores. E, se você ainda age como um dono de empresa, vire um empreendedor de sucesso agora, utilizando métodos e ferramentas que vão exponenciar seu negócio.

Enquanto alguns sonham demais e outros só operacionalizam uma cópia de terceiros, se diferencie fazendo o básico bem-feito e veja o resultado de uma gestão estratégica na prática.

Usando o conhecimento adquirido acima, te desafio a realizar pelo menos uma tarefa importante por dia – o que totalizam 20 tarefas importantes no mês. Tem dúvida que isso impactará incrivelmente sua produtividade?

"Se a organização e o planejamento não forem competências natas, precisam ser desenvolvidas para a otimização do tempo e aumento da produtividade."

Bruna Lobianco

Cris Aragoni

Olá, leitores! Sou Cris Aragoni, executiva premiada do segmento automotivo, primeira mulher gerente de grandes grupos de concessionárias no país, com 25 anos ininterruptos no setor, formando equipes, entregando resultados de alta performance, com o Mkt Share bem acima do nacional em todas as marcas que atuei, antifrágil no DNA. Casada, mãe de 2 filhos, vovó de princesa.

Administradora de empresas especializada em Neurociência, Varejo e Marketing. Apresentadora de tv na TV Cultura Litoral, colunista do Portal Costa Norte, comentarista do Jornal Opinião, articulista da revista Administradores.com, apresentadora do Podcast Dirigindo Vendas, comentarista do jornal Sem Papas na Língua e comentarista do Jornal da Manhã, da Rádio Jovem Pan. Escritora e palestrante.

crisaragonioficial

Cris Aragoni

7 APRENDENDO A SER FLEXÍVEL E ADAPTÁVEL

Por Cris Aragoni

A extinção dos dinossauros é um dos eventos mais misteriosos e fascinantes da história da Terra, mas enquanto algumas das maiores criaturas que já vagaram pelo planeta foram extintas, uma espécie que sobreviveu foi a barata. Ela está na Terra há mais de 300 milhões de anos, sobrevivendo a tudo, desde extinções em massa, até bombas nucleares. Esses insetos tenazes se adaptaram e evoluíram para serem algumas das criaturas mais resistentes e adaptáveis do planeta. Eles podem sobreviver a temperaturas extremas, ficar sem comer por um mês e até mesmo prender a respiração por até 30 minutos.

Apesar de sua reputação como pragas, as baratas são realmente extremamente importantes para o ecossistema, ajudando a decompor e reciclar a matéria orgânica. Portanto, embora os dinossauros possam ter sido extintos, podemos nos confortar com o fato de que a humilde barata veio para ficar.

Eu sou a barata, uma sobrevivente, mente resistente e tenaz. Desde pequena, filha caçula de 5 irmãos, tinha que me adaptar para sobreviver às estripulias da infância, ser flexível para me fazer ouvir e conseguir me adaptar aos gostos e vontades dos mais velhos. Aquele DNA empreendedor, criativo, forte, já estava sendo moldado.

Empreendedorismo flexível e adaptável já era um conceito, antes mesmo de entender o significado, uma única certeza: empreender não é para os fracos! Não é incomum que empreendedores se sintam sobrecarregados e desanimados quando as coisas não saem como planejado. No entanto, existe uma maneira de não apenas sobreviver, mas prosperar no caos e na incerteza. Mais do que sermos adaptáveis, temos que ser **antifrágeis**. Conceito que significa: a capacidade de não apenas resistir ao estresse e à incerteza, mas de realmente se beneficiar deles.

O que é um empreendedor antifrágil, flexível e adaptável?

Um empreendedor antifrágil é alguém que prospera no caos e na incerteza. Indivíduos que não são apenas resilientes, mas na verdade, se beneficiam da desordem e do estresse. Esse conceito foi introduzido por Nassim Nicholas Taleb em seu livro *Antifragile: Things That Gain from Disorder.*

As empresas tradicionais são frágeis e vulneráveis a eventos imprevisíveis, como crises econômicas, desastres naturais e mudanças repentinas no comportamento do consumidor, a maioria das empresas são construídas para suportar níveis normais de estresse, mas quase sempre desmoronam sob pressão extrema.

Por outro lado, as empresas antifrágeis são projetadas não apenas para sobreviver, mas para prosperar em condições caóticas. Mentes antifrágeis não reagem apenas às mudanças no mercado, elas as antecipam e tiram proveito, elas estão constantemente buscando novas oportunidades, experimentando novas ideias e se adaptando às mudanças nas circunstâncias, então se sentem confortáveis com a incerteza e não têm medo de correr riscos.

Ser um empreendedor antifrágil exige uma mentalidade diferente da de um empresário tradicional. Não se trata apenas de ser forte ou resiliente, trata-se de abraçar o caos e usá-lo a seu favor, trata-se de ser flexível, adaptável e aprender constantemente, trata-se de escolher ter autocontrole, autorregulação e inteligência emocional ao adotar essa abordagem. Os empreendedores podem transformar incertezas em oportunidades e criarem negócios que não estão apenas sobrevivendo, mas prosperando no mundo imprevisível de hoje.

A pandemia serviu para escancarar este conceito, onde não importa o que fazemos, não importa as previsões de videntes - que descobrimos não serem tão videntes assim - e por fim, não importa os especialistas - que afinal, não foram tão especialistas assim. No final, o que se viu, foi companhias de todo porte quebrando, enquanto outras do mesmo porte se arrumando rapidamente. Como explicar as diferenças?

Na verdade, o que houve é que somos a quarta geração de um mundo pós-segunda guerra, que pensava que estava tudo bem e não tinha nenhuma pandemia do fim do mundo no radar. No meio do caos, as personalidades flexíveis apareceram como a grande competência a ser buscada. E voltamos ao início do texto: é o caso da barata, que sobreviveu ao asteroide enquanto os gigantes dinossauros combaliram.

E foi aparecendo um mundo novo, pós-pandemia, um mundo melhor, mais tecnológico, rápido, leve, sem donos da verdade, onde a única certeza é: "sei que nada sei", onde soluções criativas e compartilhadas surgiram, ficando evidente que o resiliente e forte aguenta o tranco. O antifrágil é mutante e evolui.

E no mundo real, nas empresas, como aplicar o conceito?

Diante de todo novo quadro, não falo mais em motivação, aliás, hoje, minha teoria é que a motivação é para amadores. Técnica, disciplina, flexibilidade são os segredos dos profissionais perenes.

Ser apenas resiliente não é mais suficiente, vimos isso também na pandemia, quando inúmeros trabalhadores foram obrigados a ficarem em *lockdown* e soluções tecnológicas se proliferaram, empresas nasceram no meio da sala, quarto ou cozinha, tendências foram antecipadas em décadas e legiões de empreendedores surgiram transformando o maior desafio mundial de nossa geração em oportunidades.

Mentes antifrágeis apareceram no horizonte. As pessoas me perguntam: e a resiliência, como fica?

Minha resposta é que continua sendo muito importante, pois manter-se forte, economizando energia enquanto o furacão passa, é questão de sobrevivência.

Mas estamos falando de um pensamento que propõe reverter os obstáculos ao seu favor, que propõe usar a força do furacão para ir mais rápido, esse é o pensamento antifrágil, adaptativo, flexível, é a roupa do Pantera Negra, que absorve a energia da pancada e a transforma em arma. Esta analogia, resume muito bem a teoria.

Como abraçar a incerteza e transformá-la em uma vantagem competitiva?

Abraçar a incerteza não é um instinto natural, no entanto, aprender a aceitar e até mesmo prosperar na incerteza, pode ser uma vantagem competitiva incrível. Para começar, devemos reconhecer que o futuro é imprevisível e a certeza hoje é líquida, em vez de tentarmos planejar todos os cenários possíveis, podemos focar a atenção na construção de um negócio que possa se adaptar rapidamente às mudanças nas circunstâncias. Isso significa ser flexível em sua abordagem, testar e repetir constantemente suas ideias e estar aberto a novas possibilidades, aproveitando para o crescimento e aprendizado.

Finalmente, abraçar a incerteza significa estar confortável com o fracasso, estar disposto a assumir riscos calculados e aprender com os erros trará maior probabilidade de sucesso a longo prazo, afinal, o fracasso pode ser uma fonte valiosa de informações se conseguirmos usar o *feedback* e conhecimento para refinar a abordagem e construir novas rotas.

Em resumo, abraçar a incerteza requer uma mudança de mentalidade de medo e evitação para uma de curiosidade e adaptabilidade. Ao fazer isso, os empreendedores podem transformar a incerteza em uma vantagem competitiva e prosperar até mesmo nos ambientes mais caóticos e imprevisíveis.

Ao experimentar novas ideias, produtos ou estratégias, obtemos informações valiosas sobre o que funciona e o que não funciona. Mesmo que um experimento falhe, podemos aprender com ele e usar esse conhecimento para tomar melhores decisões no futuro. É por isso que o fracasso não é visto como algo negativo na mentalidade adaptável, mas sim, como um passo necessário para o sucesso.

Não faltam exemplos de gênios bem-sucedidos que fracassaram antes de atingirem seus objetivos. Thomas Edison experimentou milhares de materiais diferentes antes de encontrar o filamento perfeito para a lâmpada e o fundador da Amazon, Jeff Bezos, disse que o sucesso da empresa se deve, em parte, à vontade de experimentar e falhar.

Obviamente, isso não significa que você deva assumir riscos imprudentes ou tomar decisões sem uma análise cuidadosa. Mas, ao abraçar a experimentação e o fracasso como parte natural da jornada empreendedora, você pode tornar-se mais antifrágil e mais bem equipado para lidar com qualquer caos e dificuldades que surjam no cenário.

A importância da diversificação e da opcionalidade nos negócios

Diversificação e opcionalidade podem assumir várias formas. Isso pode significar expandir sua oferta de produtos ou serviços para atrair uma gama maior de clientes, ou pode significar entrar em novos mercados ou indústrias. Ao diversificar seus negócios, você está distribuindo seus riscos. Exemplo: ter uma variedade de fornecedores para escolher. Portanto, se um fornecedor o decepcionar, você terá outras opções. Isso também pode significar ter uma variedade de fluxos de receita; portanto, se uma área da sua empresa está com dificuldades, você tem outras maneiras de ganhar dinheiro.

Tanto a diversificação quanto a opcionalidade visam criar resiliência em sua empresa, tornando-a menos vulnerável a choques externos, como uma pandemia global ou uma crise econômica.

Ter uma mentalidade empreendedora significa ter uma mentalidade antifrágil, adaptável e flexível

Significa que você prospera sob pressão e incerteza. Você vê desafios e fracassos como oportunidades de aprender e crescer, em vez de coisas a serem temidas. Significa que você é capaz de se ajustar às mudanças nas circunstâncias e nas condições do mercado. Significa que você pode dinamizar sua estratégia de negócios, otimizar seus recursos e aproveitar as novas oportunidades à medida que elas surgirem. Ter flexibilidade é a capacidade de ajustar e mudar o curso conforme necessário, sem ficar preso em planos rígidos ou mentalidades fixas.

Ter uma mentalidade flexível permite que você pense de forma criativa e inovadora, o que pode ser fundamental para competir no acelerado mundo dos negócios de hoje.

Conclusão:

Tornar-se um empreendedor antifrágil é um processo contínuo, significa ter uma estrutura organizacional enxuta, com a capacidade de fazer alterações em suas operações de forma rápida e fácil, com mentes igualmente ágeis em sua estrutura. Lembre-se:

"Mude de opinião, de ideia, de endereço, de cor de cabelo, quem fica parado é poste e não devemos ter compromisso com o erro. Vaidade é dinheiro no bolso."

"Mentes antifrágeis aprendem a aceitar as incertezas, prosperam no caos, são mutantes e evoluem."

Cris Aragoni

Dani Araújo

Muito prazer, eu sou Danielle Rodrigues Araújo, mas pode me chamar de Dani. Sou filha de João e Nilce, tenho 43 anos, nasci em Minas Gerais e hoje moro em Goiânia com o meu filho.

Uma das coisas que mais me orgulho na vida que aprendi com a minha mãe, é dar o meu melhor em tudo. Eu comecei a trabalhar aos 15 anos e, no decorrer da minha carreira, fui assistente, analista, coordenadora, gerente, dona de franquia e hoje sou educadora e planejadora financeira.

Em 2020 eu me divorciei e tive que lidar com minha nova vida. Decidi estudar sobre autoconhecimento e finanças e acabei me apaixonando. Hoje respiro e vivo isso.

eusoudaniaraujo

+55 (62) 99974-4212

8 A IMPORTÂNCIA DA INTELIGÊNCIA FINANCEIRA PARA O EMPREENDEDOR

Por Dani Araújo

Eu confesso que nunca pensei em empreender pois sempre trabalhei em empresas e era muito boa no que eu fazia, mas durante a pandemia minha vida ficou como um mar turbulento e tempestuoso. Eu estava no auge dos meus 40 anos quando tudo começou a desmoronar. Meu casamento estava destroçado, minha autoestima em frangalhos, medos e traumas se apossaram de mim e a minha confiança foi deixada em pedaços. Eu estava literalmente perdida, sem emprego e sem saber como lidar com as finanças.

O processo de divórcio foi complicado e deixou marcas emocionais profundas. Eu me perguntava se algo estava errado comigo, se eu era realmente digna de amor e sucesso. Eu estava exausta e completamente desanimada.

E foi então que algo dentro de mim acendeu, uma chama frágil de esperança. Percebi que não podia mais continuar assim. Decidi que precisava me reconstruir, me redescobrir e encontrar uma maneira de seguir em frente. Foi assim que comecei minha jornada de autoconhecimento.

Investi em diversos livros, cursos, formações, vivências e terapias. Queria entender quem eu era e como poderia transformar minha vida. Foi durante esse processo que descobri o mundo do empreendedorismo. Uma nova possibilidade se abriu diante de mim, uma chance de construir minha própria jornada e deixar um legado.

No entanto, havia um obstáculo significativo em meu caminho: minha falta de inteligência financeira. Mas, o que exatamente é essa inteligência financeira? É a capacidade de gerenciar as finanças pessoais e empresariais com sabedoria, compreendendo o valor do dinheiro e sabendo como usá-lo de forma estratégica para alcançar objetivos. É também é sobre comportamento humano e psicologia. A forma como pensamos sobre dinheiro pode afetar diretamente nossas decisões financeiras. Muitas vezes, somos influenciados por emoções como medo e ganância, o que pode nos levar a decisões impulsivas e irracionais. É preciso entender a psicologia por trás das decisões financeiras para evitar armadilhas comuns e tomar decisões informadas e conscientes.

Infelizmente, muitos empreendedores não são financeiramente inteligentes. Eles evitam lidar com números, planilhas e com as suas emoções, e preferem se concentrar em outras áreas do negócio. Isso pode ser um grande erro. Se você não entende como as finanças do seu negócio funcionam e não consegue lidar com as suas emoções, pode acabar enfrentando sérios problemas financeiros.

Na minha vida, as consequências de não ter inteligência financeira foram graves. Eu me vi presa em dívidas, sem reservas para investir em meu negócio ou para enfrentar algum imprevisto ou urgência e constantemente preocupada com as contas que se acumulavam. Meu sonho de empreender parecia cada vez mais distante. Eu sabia que precisava agir e mudar a forma como lidava com o dinheiro e com as minhas emoções.

A solução veio através do conhecimento. Estudei sobre finanças, autoconhecimento, busquei terapeutas, mentores e consultores especializados. Passei a estudar os princípios da inteligência financeira e a aplicá-los em minha vida cotidiana. Aos poucos, fui ganhando confiança e clareza sobre como administrar minhas finanças de forma assertiva e saudável. Vou compartilhar com você o que fiz e que me ajudou a alcançar o sucesso:

1) Faça um plano de negócios

Ele permite definir os objetivos, estratégias, metas e ações necessárias para o sucesso do empreendimento. Ao elaborar um plano de negócios, o empreendedor consegue ter uma visão clara do seu mercado-alvo, analisar a concorrência, identificar oportunidades e definir a melhor forma de posicionar o seu produto ou serviço. Ele serve como um guia para o empreendedor, permitindo que ele tome decisões assertivas e acompanhe o progresso de sua empresa ao longo do tempo.

2) Gestão financeira

Ela é crucial para o sucesso de qualquer empreendimento. Envolve o controle e a organização das finanças da empresa, incluindo o monitoramento de receitas, despesas, fluxo de caixa e gestão de ativos. É importante que o empreendedor tenha uma visão clara das finanças do seu negócio, estabelecendo um sistema contábil adequado, mantendo registros precisos e realizando análises financeiras regularmente. Com uma gestão financeira eficaz, o empreendedor pode identificar áreas de melhoria, tomar decisões estratégicas e garantir a sustentabilidade e crescimento do seu negócio.

3) Acompanhamento de indicadores financeiros

Para ter uma gestão financeira eficiente, é essencial acompanhar indicadores financeiros relevantes, como o faturamento, margem de lucro, ponto de equilíbrio, retorno sobre investimento (ROI), entre outros. Acompanhar esses indicadores permite ao empreendedor avaliar o desempenho financeiro da empresa, identificar tendências, tomar medidas corretivas quando necessário e tomar decisões embasadas. É importante definir os indicadores financeiros adequados para o seu negócio e monitorá-los regularmente para garantir a saúde financeira.

4) Reserva financeira

Ter uma reserva financeira é essencial para lidar com imprevistos e crises que possam afetar o negócio. Ela funciona como uma espécie de colchão de segurança, garantindo que o empreendedor tenha recursos disponíveis para enfrentar situações adversas, como queda de vendas, problemas operacionais, emergências ou períodos de baixa demanda. Ter uma reserva financeira também proporciona tranquilidade mental ao empreendedor, permitindo que ele se concentre em buscar oportunidades de crescimento e investimento, sem se preocupar excessivamente com imprevistos.

5) Apoio de profissionais capacitados

Contar com o apoio de profissionais como contadores, consultores financeiros e advogados especializados, é fundamental para o sucesso do empreendedor. Esses profissionais podem auxiliar na elaboração do plano de negócios, na gestão financeira, na análise de indicadores, na elaboração de estratégias fiscais e jurídicas, entre outras áreas relevantes. Eles possuem o conhecimento e a experiência necessários para orientar o empreendedor nas melhores práticas e ajudá-lo a evitar erros e armadilhas comuns. O apoio desses profissionais é um investimento valioso e pode fazer toda a diferença no sucesso do negócio.

6) Controle das emoções

Este é um aspecto muitas vezes negligenciado, mas de extrema importância.

Empreender pode ser um desafio emocional, com altos e baixos, incertezas e pressões. É fundamental que o empreendedor desenvolva habilidades de inteligência emocional para lidar com o estresse, a frustração e as adversidades que podem surgir ao longo da jornada empreendedora. O controle emocional permite que o empreendedor tome decisões racionais e mantenha o foco nos objetivos, mesmo diante das dificuldades.

7) Aprenda com os erros

Você não pode evitar todos os erros financeiros, mas pode aprender com eles. Anote seus erros e reflita sobre o que poderia ter feito de forma diferente.

8) Aprenda a investir

Se você planeja investir em seu próprio negócio, precisa entender como os investimentos funcionam. Leia sobre investimentos em ações, títulos e outros tipos de investimento.

9) Conhecimento sobre impostos e estratégias de planejamento tributário

Ter conhecimento sobre o sistema tributário é fundamental para o empreendedor. É essencial compreender as obrigações fiscais, os regimes de tributação aplicáveis ao seu negócio e as possíveis deduções e incentivos fiscais disponíveis. Além disso, conhecer estratégias de planejamento tributário pode permitir que o empreendedor otimize sua carga tributária, reduzindo custos e maximizando a lucratividade do negócio. Um planejamento tributário adequado pode trazer economia de recursos financeiros, aumentando a competitividade e a saúde financeira da empresa.

10) Capacidade de tomar decisões financeiras embasadas

A inteligência financeira capacita o empreendedor a tomar decisões financeiras bem embasadas. Isso inclui a habilidade de avaliar e selecionar investimentos adequados para o negócio, considerando fatores como risco, retorno, prazos e diversificação. O empreendedor deve estar atento às oportunidades de investimento que possam impulsionar o crescimento da empresa e ao mesmo tempo alinhar-se aos objetivos e à estratégia de negócio. Da mesma forma, ao optar por empréstimos, é necessário analisar cuidadosamente as taxas de juros, prazos e condições para garantir que seja uma decisão financeira viável e favorável ao negócio.

Cada um desses elementos desempenha um papel fundamental no desenvolvimento e crescimento de um negócio, permitindo ao empreendedor construir uma base sólida para o seu empreendimento e alcançar seus objetivos. O empreendedor estará mais preparado para enfrentar os desafios do mercado, tomar decisões estratégicas e alcançar o sucesso.

Hoje, como empreendedora de sucesso, olho para trás e vejo o quão longe cheguei. As dores que enfrentei, as batalhas que venci e as lições que aprendi moldaram a pessoa que sou hoje. Eu não teria conseguido sem a inteligência financeira.

Por isso, convido você, meu caro leitor, a refletir sobre sua própria jornada. Talvez você esteja enfrentando desafios semelhantes aos que vivi, talvez esteja se sentindo perdido e desamparado, mas eu estou aqui para lhe dizer que há esperança. Aprender sobre inteligência financeira pode ser o primeiro passo para transformar sua vida e seu negócio.

Não importa onde você esteja agora, nunca é tarde para começar. Busque conhecimento, encontre pessoas e profissionais que possam lhe guiar nessa jornada. Invista em si mesmo e em sua educação financeira e, acima de tudo, acredite em si mesmo e em seu potencial.

Você tem dentro de si a capacidade de superar qualquer desafio. Aprenda com suas dores, transforme-as em força e siga em frente. O caminho para o sucesso não é fácil, mas com inteligência financeira e determinação, você pode construir uma vida e um negócio próspero.

Está na hora de dar o primeiro passo. Abrace a oportunidade de empreender e de ser dono do seu próprio destino. Seja o protagonista da sua história.

Agora, você pode testar como está a sua inteligência financeira. Acesse o QR code abaixo, faça o teste e veja o resultado:

> "Inteligência financeira: a chave que desbloqueia o sucesso, permitindo transformar sonhos e ideias em realidade e prosperidade."
>
> Dani Araújo

Deise lima

Sou Deise Cristina de Lima Pereira, nascida em Toledo/PR, bacharel em Ciências Contábeis pela UNIPAR, treinadora de pessoas e negócios, programadora neurolinguística.

Atuando há mais de uma década, constituí meu próprio escritório, atendendo centenas de clientes anualmente, com escrituração e consultoria empresarial/tributária, recuperação de tributos de forma personalizada em diversos ramos de atividades.

deiselima.contadora

deiseclp@gmail.com

+55 (45) 99815-9719

9 MANTENDO A MOTIVAÇÃO EMPREENDEDORA

Por Deise Lima

Ser empreendedor é gratificante e emocionante, cultivar a motivação empreendedora é fundamental, ela garante aquele impulso para alcançar o resultado tão esperado. No entanto, manter a motivação empreendedora para muitos empresários é, sem dúvida, desafiador, principalmente em momentos de dificuldades e incertezas. Para se ter o sucesso desejado, é essencial para qualquer negócio manter estratégias firmes, claras e objetivas.

Essa motivação é singular, a forma interna que cada indivíduo tem para iniciar e desenvolver seu próprio negócio. Cada ser humano reage de uma forma, cada um tem um estímulo, hoje sou mãe, acordo todos os dias e a primeira coisa que faço é olhar para meu filho dormindo, minha maior motivação. Outro detalhe que torna fácil para mim é meu pai, um empreendedor que descobriu esse talento por um acaso da vida e viu que isso era bom, pois assim ele tinha liberdade geográfica, mais tempo com a família e consequentemente mais dinheiro, pois quanto mais ele se dedicava, mais retorno financeiro ele tinha, cresci em meio à sua rotina e eu vi que isso também era para mim: empreender, ter autonomia, eu sempre soube que o futuro que eu quero, depende só de mim.

Essa motivação pode ser incentivada por vários fatores: muitas pessoas possuem o desejo de realizar seus sonhos e objetivos pessoais criando seu próprio negócio, ter a possibilidade de fazer mais dinheiro, ser independente, criar fontes de renda estáveis. Muitos gostam do desafio de criar e desenvolver o seu negócio, fazer seu nome, criar sua marca. Alguns tem o propósito de impactar a vida de outras pessoas e deixam suas marcas através de impactos e motivações positivas perante a sociedade, a busca constante por aprendizado; o processo de empreender nos coloca sempre em movimento, buscando constantemente conhecimento e evolução.

Falar sobre o que mantém a motivação empreendedora pareceu ser fácil, afinal me relaciono profissionalmente diretamente e diariamente com empresários há mais de uma década, acompanhando a rotina, medos, desafios e vitórias, eu costumo dizer que não sou contadora, mas que eu ajudo a transformar sonhos em fatos reais. Foram centenas de empresas que ajudei a tirar do papel, centenas de empresários que vieram até mim, todos com a certeza que iriam lutar pelos próprios sonhos e ao mesmo tempo com o medo de terem sua vulnerabilidade exposta. Um a um, sentamo-nos e planejamos, alinhamos cada detalhe do que tinham em mente para a concretização de cada sonho, desde o endereço da sede da empresa a detalhes na decoração e fachada.

Coloco-me no lugar de cada empresário que atendo, o propósito de ajudar é meu, eu vivo isso, me realizo vendo que o medo foi vencido, juntos enfrentamos as dúvidas, quebramos as objeções, formamos uma equipe e dá tudo certo, conseguimos tirar do papel e agora basta lembrar do objetivo e trabalhar. Vê-los colhendo os frutos sempre foi e é gratificante, foram tantas empresas abertas ao longo dessa jornada que eu sempre falei que daria um livro.

Ao longo da minha trajetória, foram diversos os ramos que cada um seguia, mas o brilho no olho sempre foi unânime, a ansiedade, a garra e a vontade de trabalhar que cada empresário tem, sempre me deixa motivada a fazer o meu trabalho cada vez melhor. Ao longo desses anos, muitos vínculos de amizades leais foram formados, pois celebramos juntos cada contrato, cada venda significativa e principalmente quando as dúvidas e incertezas batiam, escutei muitos desabafos. Foi aí que descobri o significado do "valor", pois independente do preço, o valor da entrega e do retorno não tem preço, a consequência é o reconhecimento, a confiança e os laços que foram criados.

Estudando a programação neurolinguística, eu verdadeiramente consegui entender que cada ser humano reage à determinada situação com base nas suas experiências de vida e que cada indivíduo possui um ponto de vista.

Mas afinal, como manter a tal motivação empreendedora? Fui mais a fundo na pesquisa e selecionei alguns empresários para entender o que passa dentro de cada pensamento, principalmente sentimento, e assim descobrir qual é o combustível diário, a motivação que faz cada um levantar da cama todos os dias e seguir empreendendo.

Foi sensacional olhar nos olhos e fazer eles relembrarem o motivo pelo qual resolveram empreender, sem dúvidas aquele motivo que ardeu lá no passado dentro do coração de cada um ainda arde como se fosse hoje, aquela vontade unânime em vencer na vida, dar segurança e conforto para a família é um dos maiores combustíveis que faz manter acessa a vontade de levantar todos os dias e ganhar as batalhas diárias, vencer os desafios da vida de empresário e, apesar das dificuldades enfrentadas diariamente, não abrem mão da felicidade principalmente quando fazem o que gostam e colocam amor no que fazem, a satisfação e o retorno positivo do cliente é inevitável, o retorno financeiro é apenas consequência. Quando se tem uma meta, a cada pequena conquista a certeza que logo alcançará o objetivo, a soma de pequenos resultados, quebrando objeções, desafiando a si mesmo, mantendo o foco na vida extraordinária do futuro.

Recentemente, passamos por uma pandemia, sem dúvidas um dos momentos mais difíceis para os empresários: medo, incertezas, a vida de muitos acabou ali. E agora, o que fazer, como seguir e recomeçar? Eram tantas dúvidas e as estatísticas negativas mostrando milhares de empresas sendo extintas por falta de pessoas, produtos, recursos e até mesmo por falta de mão-de-obra, não havia pessoas para desenvolverem os trabalhos. Foi quando percebi que "situações difíceis, são para pessoas fortes", existem muitos gatilhos mentais e um deles é DOR e PRAZER. Não queremos sentir desconforto, mas é com ele que aprendemos e crescemos, é com os desafios que somos transformados e amadurecemos, criamos autoridade no que estamos atuando, afinal, alcança o extraordinário quem passa pelo extremo.

Muitos empresários estavam acomodados com suas situações antes da pandemia, estava tudo bem, muitos não tinham um planejamento a longo prazo e desconheciam a real situação econômica das suas empresas. A pandemia chegou e foi devastadora, separou os "homens dos meninos", da mesma forma que vi muitas empresas passando por dificuldade com a situação, muitos empresários relataram que aprenderam a fazer dinheiro com a pandemia. Como manter a motivação empreendedora nessas circunstâncias?

A minha contribuição sempre foi a mesma a todos: não existe fórmula mágica, cada um precisa sentir e principalmente vivenciar o seu negócio. Alguns empresários abrem seus negócios sem entenderem sobre ele e naquele momento era preciso ir ao extremo para conquistar o impossível. Não foi a primeira vez que fomos testados e com certeza não será a última, desafios existem, mas precisamos ser fortes, para criarmos tempos mais fáceis e conquistar o nosso impossível.

Como se manter firme no seu negócio, o que faz acordar todos os dias e manter a motivação empreendedora? Essa motivação é pessoal, com estímulos internos, cada um com o seu propósito: seja o de mudar, impactar a vida das pessoas ou seguir com sua equipe, os que realmente vestem a camisa da "firma". É importante ter em mente os seguintes passos:

1. Ser empreendedor exige uma grande dose de determinação e coragem, para seguir é fundamental aprender a lidar com os altos e baixos da jornada empreendedora e manter a motivação sempre em alta. Para facilitar essa jornada, **estabeleça sempre metas bem claras e objetivas**, defina objetivos específicos, mensuráveis, alcançáveis e com prazos definidos, mantenha o foco, não deixe de acompanhar o progresso, dessa forma terá um senso de direção e saberá se está no caminho certo.

2. Encontre o real significado do seu negócio, tenha um propósito maior para ele, defenda uma causa que você acredita, crie uma visão inspiradora, uma forma do seu negócio impactar positivamente a vida das pessoas. Se você está fazendo algo que vive e acredita, o impacto financeiro é apenas uma consequência.

3. Estude, busque constantemente conhecimento, mantenha-se atualizado. Quem tem humildade para sentar e aprender tem autoridade para passar seu conhecimento, mantenha-se atualizado com as tendências do seu ramo, isso poderá lhe ajudar a inovar e se manter sempre preparado para as adversidades.

4. Cerque-se de pessoas positivas, mantenha uma rede de apoio. É fundamental que o empreendedor procure mentores ou outros empreendedores para se inspirar, trocar conhecimento, alguém que possa oferecer suporte, conselhos, encorajamento, onde você possa compartilhar das suas experiências e aprender com outras pessoas.

5. Celebre as pequenas conquistas. É uma forma importante de manter a motivação em alta, não espere alcançar um grande marco, valorize e comemore cada conquista, quando você alcançar a sua meta, ou concluir uma tarefa, reconheça seu sucesso, brinde, permita-se.

6. Uma das principais motivações empreendedoras é a **paixão pelo que se faz.** Quando se acredita em uma ideia e a faz com maestria, quando se acredita na sua capacidade, foco em realizar seus objetivos, isso traz confiança e ter autoconfiança é fundamental para enfrentar os desafios, o resultado positivo é consequência, ter a liberdade de trabalhar no que ama e controlar seu destino é muito satisfatório.

Para alguns, EMPREENDER é a motivação, é o sinônimo de uma vida incrível, sempre com os pés no chão, pensando no futuro. Aquela vontade infalível de vencer, ser alguém na vida, deixar a sua marca, ser feliz, não viver rotulado, deixar um legado, fazer o nome e, por unanimidade, a maior motivação são os filhos, a família, com o apoio deles, para eles e por eles. Por fim, empreender para dar melhores condições de vida e liberdade para quem amamos, não existe maior motivação, nunca foi por "mim" sempre foi por "nós".

"Alcança o extraordinário quem passa pelo extremo."

Deise Lima

CONECTA
DAY

Edgar Luna

Me chamo Edgar Luna e sou especialista e criador de conteúdo sobre desenvolvimento humano. Apaixonado pelo ser humano, pois ele tem uma capacidade infinita de evoluir, crescer e se desenvolver. Tudo depende de cada um e quanto nos dispomos a aceitar e trabalhar esse processo de desenvolvimento.

E quero contribuir para que isso seja uma realidade para as pessoas, trabalhando no desenvolvimento das que estão ao meu redor, oferecendo soluções para seu desenvolvimento.

Espero que, de alguma forma, eu possa contribuir um pouco no seu crescimento.

euedgarluna

Edgar Luna

www.euedgarluna.com

euedgarluna

10 DESENVOLVENDO A CAPACIDADE DE LIDERANÇA

Por Edgar Luna

Há um tempo eu li um livro que trazia uma definição de liderança que era mais ou menos assim: "Líder é aquele que faz as pessoas chegarem aonde elas não conseguiriam chegar sozinhas". Foi essa frase que me instigou a querer me aprofundar no conhecimento sobre desenvolvimento humano e liderança e nessa busca eu acabei chegando a duas conclusões:

A primeira é que não existe uma definição única ou completa do que é ser um líder, se você pesquisar por livros com o tema liderança você vai encontrar mais de 50.000 resultados e inúmeras definições que podem até se contradizerem entre si. Você também pode buscar na biografia de grandes líderes, querendo saber como eram os seus estilos de liderança e o porquê elas foram tão bem-sucedidas, mas terá que levar em conta um fator muito importante: o modelo aplicado por eles funcionou para o ambiente histórico, cultural e social em que eles estavam inseridos e se qualquer uma dessas variáveis mudar, mesmo que você replique exatamente como foi feito à época, a possibilidade de não dar certo é muito grande.

E a segunda conclusão que cheguei foi que a liderança não é um cargo, você pode ser líder mesmo sem ter um registro na sua carteira de trabalho com o cargo de supervisor, gerente ou diretor. A liderança trata-se de uma atitude, como dito na frase que me inspirou antes, "o líder leva as pessoas aonde elas não iriam sozinhas" e isso independe de uma empresa, de um ambiente ou de um cargo. Neste sentido, desenvolver a capacidade de liderança é também se desenvolver como pessoa, o que leva ao amadurecimento da maneira como você se relaciona com os outros, pois começa a entender como as dinâmicas de motivação e influência regem os grupos sociais.

Porém muitas pessoas não conseguem se enxergar como líderes no ambiente em que estão inseridas e isso se dá pois a grande maioria das pessoas quando ouve a palavra liderança, imediatamente a associa ao contexto hierárquico e à persona do chefe, trazendo à tona toda experiência, boa ou ruim, que já teve com líderes anteriores, e por não querer ocupar este lugar com um peso simbólico, muitas vezes negativo, acaba descartando a possibilidade de desenvolver em si estas habilidades, ficando assim à mercê dos outros, presa a uma posição de execução de ordens.

É preciso quebrar essa crença, desvincular dos preceitos que aprendemos durante a vida e entendermos que a liderança parte do nosso conhecimento individual aprimorado por técnicas, estudo, ferramentas e estarmos preparados pois, a qualquer momento, podemos ser colocados na posição de liderança por uma força maior em nossas vidas, seja em nosso ambiente de trabalho ou na nossa vida pessoal.

Para que você possa começar a desenvolver suas habilidades em liderança, existem algumas dicas e pequenas ações que podem ser tomadas no seu dia a dia e que vão te ajudar a trilhar os primeiros passos:

Trabalhe no seu autoconhecimento: independente do que você quer fazer ou alcançar, a primeira etapa sempre vai ser o autoconhecimento, pois ele te trará entendimento sobre os seus pontos fortes e o que precisa de ajuste. Quando você se conhece a ponto de prever suas atitudes e sentimentos, você passa a ter clareza para uma tomada de decisão consciente e para se adaptar a mudanças.

Adquira conhecimento: todas as pessoas que eu conheci, que são ótimos líderes e que tem essa capacidade bem desenvolvida, são pessoas que não pararam nos estudos formais, são pessoas que estão sempre procurando um curso, lendo um livro, ouvindo um *podcast*. Conhecimento traz valor, traz autoridade, portanto esteja sempre agregando conhecimento, encontre a forma em que você se adapta com mais facilidade e mergulhe.

Trabalhe a sua comunicação: a comunicação é uma das características mais importantes que um uma pessoa com a capacidade de liderança pode ter e aqui vale um lembrete: a comunicação é responsabilidade do interlocutor, ou seja, de quem está levando a mensagem. Para isso, use uma linguagem clara e objetiva, entenda quem é o público que vai receber essa comunicação e adapte sua linguagem a esse público, para que a maior parte das pessoas possam compreender a mensagem que você está passando.

Adquiria conhecimento e habilidade no que você se propõe: ao lembrarmos de um perfil de liderança, uma das coisas que vinculamos é que ele precisa ser autoridade no que faz, conhecer muito bem sobre o que está liderando. Quem tem a capacidade de liderança e precisa direcionar as outras pessoas, precisa saber como fazer isso; ela pode não entender cada detalhe do processo, mas sabe o suficiente para tomar a melhor decisão e trazer o melhor resultado.

Seja flexível e adapte-se a mudanças: toda trajetória, por mais que seja bem planejada, corre o risco de se deparar com contratempos e é normal do ser humano ficar sem reação diante de algo novo. Quando isso acontecer, devemos ter frieza para analisar a situação e entender se essa mudança é algo prejudicial, nesse caso precisamos agir rapidamente para encontrar possíveis soluções. Porém, nem toda mudança deve ser encarada como algo negativo, em muitos casos, sendo flexíveis e usando a criatividade, podemos usar essas mudanças para impulsionar nossa trajetória.

Tenha empatia e seja um bom ouvinte: é preciso estar aberto a receber feedbacks, eu indicaria até a você pedir feedbacks as vezes, eles são importantes para o nosso crescimento e desenvolvimento, muitas vezes estamos tão imersos em uma situação que não conseguimos encontrar uma solução. Nesses momentos, um olhar de fora pode trazer uma perspectiva que indique uma solução. E exercitar essa escuta se colocando no lugar do outro gera empatia, confiança e transforma relações.

Aprenda a lidar com conflitos: eles fazem parte do nosso dia a dia, o problema é que os olhamos como algo ruim. Comece a olhá-lo pelo prisma do que ele pode agregar na discussão e no que ele pode gerar de solução; aprenda também quais são os estilos das pessoas dentro de um conflito, cada um age de uma maneira diferente e entender isso vai te ajudar a trabalhar melhor o conflito e conseguir que a melhor solução saia dele.

Saiba como tomar decisões difíceis: em muitos momentos, vamos nos deparar com decisões que não gostaríamos de tomar, mesmo assim vamos precisar tomá-las. Para que consiga escolher a melhor solução, analise a situação, mapeie as possibilidades, projete os prós e os contras de cada opção e a partir disso veja a melhor solução daquele momento para resolver o problema. E lembre-se que imprevistos acontecem e eles podem mudar a solução que escolheu, nesse ponto é importante exercitar a adaptação a mudanças.

Seja você mesmo: às vezes, pensamos que devemos agir de uma determinada forma em um ambiente ou em uma situação, porém corremos o risco de evidenciarmos que não estamos sendo verdadeiros e as pessoas percebem quando isso acontece. Pense nas pessoas que você mais admira, nas pessoas que te inspiram, tenho certeza de que um dos motivos que levam essa pessoa a ser uma inspiração para você é porque ela é quem ela é, mesmo com seus defeitos e com isso quero trazer a última dica.

Seja vulnerável: A vulnerabilidade costuma ser vista como uma fraqueza, mas ao contrário do que as pessoas pensam, ela é uma das maiores forças que alguém pode ter, pois ela é um reflexo de coragem. Admitir que nem sempre se é forte o bastante, que você precisa de ajuda, de quebrar o orgulho e saber que você não sabe tudo, é demonstração de uma força imensa.

Existem diversas outras dicas que eu poderia passar mais algumas páginas escrevendo para você, porém uma coisa que aprendi na minha vida, me aprofundando em desenvolvimento humano, é que não existem atalhos. Na minha trajetória de estudo e trabalho, por várias vezes achei que poderia pular etapas para crescer mais rápido e em todas eu precisei voltar e seguir degrau a degrau. Com isso, entendi a importância de ir trabalhando cada etapa e isso me levou a alcançar coisas que eu nunca tinha imaginado antes. Por isso, quero compartilhar com você 3 coisas que na minha experiência fizeram toda a diferença na minha trajetória:

1º - Sempre trabalhe no seu autoconhecimento, já falei sobre anteriormente, mas faço questão de reforçar, ele é muito importante para que consigamos desenvolver. Há muitos testes que podem te ajudar a desenvolver esse ponto.

2º - Trabalhe na definição de um objetivo. Tem uma frase do livro *Alice no país das maravilhas* que diz "para quem não sabe aonde vai, qualquer caminho serve". Essa frase tem uma verdade forte, se você não tem o seu objetivo de vida e carreira claros, qualquer oportunidade que surgir vai ser só uma maré passageira e muitas vezes não te levará a nada. Uma boa ferramenta para se trabalhar e definir o seu objetivo, é o conceito de missão, visão e valores.

3º - Com o seu objetivo definido, planeje as etapas que você precisa trilhar para alcançar, lembre-se: não queira pular etapas, planeje cada uma, um bom exercício para isso é pesquisar pessoas que alcançaram o que você quer e ver o que elas fizeram, estudaram, trilharam e ver o que você consegue aplicar no seu contexto. Para te ajudar nesse planejamento, use a análise SWOT.

E para finalizar esse capítulo, quero te fazer um convite: ao terminar esse capítulo e esse livro, pegue uma das dicas que você leu aqui e a coloque em prática no seu dia a dia. Não tente colocar todas de uma vez, pegue somente uma, se aprofunde um pouco mais sobre ela, estude, aprimore e aplique no seu trabalho, na sua vida, com sua família e/ou amigos e veja o resultado que ela irá gerar. Deu certo? Volte, pegue outra dica e aplique, e assim vai agregando desenvolvimento e conhecimento em você e quando menos esperar, você terá desenvolvido a capacidade de liderança.

> "A liderança trata-se de uma atitude e isso independe de uma empresa, de um ambiente ou de um cargo."
>
> Edgar Luna

Elaine Cardoso

Sou cofundadora da BC Gestão, especialista em Articulação e Gestão Estratégica Empresarial, com foco em expansão e crescimento sustentável. Atuo no mercado nacional há 20 anos como consultora, treinadora e mentora de empresas de médio e grande porte.

Meus pilares são: Cultura Corporativa, Gestão Escalável e Inteligência em Vendas. Também sou conteudista EAG, graduada em Análise de Sistemas e Programação, MBA's na FGV, Fundação Dom Cabral, Febracis, IBC, Universidade Nova Lisboa e outras.

Propósito: Ensinar para construir.

Missão: Ensinar pessoas e capacitar empresas para a construção de um mundo melhor.

elainecardoso.oficial

elainemcardoso

+55 (91) 98204-3210

11 CONSTRUINDO UMA REDE DE MENTORES E CONSELHEIROS

Por Elaine Cardoso

Existe uma diferença bastante importante entre as empresas dos grandes centros e as empresas que estão fora do eixo sul-sudeste. Essa diferença está, principalmente, na forma como os empresários se relacionam e consequentemente, as empresas.

Enquanto nos cenários mais interioranos ainda existe um clima de rivalidade entre empresas e empresários, com pouco ou nenhum diálogo e onde não existe intercâmbio entre elas, no contexto de culturas de negócios mais arrojadas, a maioria dos empresários que atuam no mesmo ramo quase sempre se reúne em grupos cooperativos ou consultivos, que reforçam o setor em lutas políticas, comerciais, em busca por melhorias e por soluções para problemas que afetem todo o mercado, gerando um reforço coletivo. Pelo menos deveria ser assim.

E por que isso acontece? Porque esses empresários sabem que precisam dos mesmos fornecedores, da mesma qualificação de mão de obra, das mesmas rodovias, são regulados pelas mesmas leis e muitas vezes dividem os mesmos distribuidores e, claro, consumidores. Qual seria a justificativa para que esses empresários mantivessem algum tipo de rivalidade irracional entre si? Quando se entende que concorrentes atuam em um mesmo ambiente, a união torna tudo mais fácil.

Na prática, as empresas não se unem com mesmo objetivo. O ambiente corporativo não deveria ser autodestrutivo, mas colaborativo e de aprendizagem. É nesse sentido que, para alavancagem de negócios e reforço de um determinado setor de mercado, surgem os **grupos de mentores e conselheiros**, com habilidades de articulação, tema sobre o qual quero dialogar neste texto.

Eu atuo há muitos anos como conselheira e mentora de negócios e tenho visto como essa articulação comercial é uma habilidade que faz toda a diferença, por ser um suporte de conhecimentos e de visão agregadora para o negócio: um profissional aprende algo em uma empresa e dissemina esse aprendizado por todas as outras em que ele passar. Ele é um educador de negócios.

Não quero nesse breve artigo fazer uma definição teórica sobre os conceitos para que ele não se torne acadêmico, não é esse o objetivo. Quero neste espaço mostrar o que aprendi com minha experiência cotidiana: que profissionais de carreira ajudam, com sua expertise, a todo um grupo de empresas e, por fim, todas as pessoas que atuam nelas e toda sociedade.

Alguém que ocupa hoje um cargo de diretoria em uma empresa pode ser, amanhã, o mentor de um antigo concorrente, ou pode ser o conselheiro de um grupo acionista que envolve empresas que, aparentemente, estejam disputando os mesmos consumidores. A construção de uma rede de mentores e conselheiros especialistas é uma estratégia fundamental para o sucesso de um negócio que quer alcançar o seu potencial máximo melhorando sua visão sistêmica e sua tomada de decisão, colaborando com o crescimento de todos.

O processo decisório em uma empresa

Decidir quase sempre é uma dor. Se engana quem pensa que toda decisão é racional, na verdade, toda decisão envolve as nossas emoções, como o medo e a frustração, muito ligadas à sensação de responsabilidade.

Sendo assim, é comum que os líderes, em sua liderança, precisem trabalhar a sua forma de decidir. Quando ministro minhas formações de liderança, procuro entender três coisas fundamentais sobre as decisões em uma empresa:

1) Quais pessoas realmente tomam as decisões naquela empresa e se responsabilizam pelos resultados delas.
   - O ideal é que cada nível da hierarquia esteja muito seguro de quais decisões eles podem tomar sozinhos ou não.

2) Quais os principais critérios para a tomada de decisão dessas pessoas e quais dados elas analisam para tomarem suas decisões.
   - Toda tomada de decisão deve ser baseada em informações, dados, que os gestores colhem com seus relatórios diários e nas conversas com todas as áreas envolvidas.

3) Qual o tempo de tomada de decisão.
   – Aqui existe um fator um tanto subjetivo e paradoxal: decisões muito rápidas podem ser decisões apressadas; decisões muito lentas, podem significar perda de oportunidades e negócios.

A importância de tomar boas decisões é bastante óbvia: quanto melhores e mais bem acertadas as decisões de um negócio, mais chances essa empresa tem de crescer e otimizar a sua gestão financeira e também de pessoas. É no intuito de tomar cada vez melhores decisões que as empresas buscam formar grupos decisórios internos e externos ao negócio.

Veja no quadro abaixo, um modelo comum de grupos decisórios em empresas de médio e grande porte:

	Internos		**Externos**	
INSTÂNCIA	Gerentes, Coordenadores, supervisores	Diretores/ CEO's e conselhos consultivos	Mentores e conselheiros de mercado	Institutos de pesquisa de opinião e mercado
OBJETIVO	Decisões de questões imediatas; rotinas.	Decisões importantes de médio prazo	Decisões estratégicas: voltadas à direção do negócio	Fornecer dados para as decisões do negócio
PROCESSO DE DECISÃO	Intuitivo, rápido e monocrático	Com base em reflexão e debates. Busca consenso	Não há decisão, mas influencia as decisões com sua opinião	Levantamento estatístico
IMPACTO DA DECISÃO	Impacto no resultado imediato; também na motivação e desempenho da equipe	Impacto em escala coletiva, atingindo um setor inteiro, um departamento ou vendas de um produto específico	Impacto no negócio modificando ou realinhando posicionamento de mercado, imagem e público	Impacta todo o setor. O resultado de uma pesquisa pode mudar os rumos de uma cadeia de produção e consumo

Entendendo que todas as boas decisões são tomadas com base em aconselhamento interno e externo, a criação de uma rede de mentores e conselheiros significa dar um próximo passo no crescimento do negócio, pois a empresa precisa buscar uma expertise fora de si mesma, caso contrário, ela estará sempre girando sobre o próprio eixo, sem compreender bem o que acontece ao seu redor.

Mentores e conselheiros trazem sua experiência de anos de trabalho em muitas culturas e realidades organizacionais. Quando uma empresa conta com um apoio tão qualificado como esse ela decide melhor e, assim, alcança novos resultados.

O que você precisa saber sobre conselheiros e mentores

Algumas teorias tentam criar diferenças entre os mentores e conselheiros, mas no final das contas eles fazem praticamente o mesmo trabalho com duas singelas diferenças: a primeira é que o mentor trabalha o desenvolvimento individual do executivo, que por sua vez, aperfeiçoa o negócio. A segunda é que o conselheiro, em geral, acaba fazendo parte oficialmente de um conselho da empresa, como membro externo, o que raramente aconteceria com o mentor.

É fato que todo empresário sentirá, em sua jornada, necessidade de ajuda. Em algum momento (ou em vários momentos), ele vai querer se aconselhar com alguém, pedir uma opinião, discutir uma decisão importante. Empresários se sentem muito sozinhos, porque carregam o peso da responsabilidade da vida de diversas pessoas e famílias que dependem do bom andamento do seu negócio. A escolha de um conselheiro/mentor deve ser baseada em cinco critérios que podem ser decifrados respondendo às perguntas abaixo:

1) **Vivência – Qual a vivência do conselheiro/mentor no ramo que você atua?** Um conselheiro precisa ter conhecimento vivencial do negócio.

2) **Resultados – Quais os bons resultados te levam a desejar os conselhos desse conselheiro?** Os resultados são o melhor currículo para um conselheiro.

3) **Network – Com quais pessoas esse conselheiro se relaciona que se tornariam relacionamentos importantes para você?** A rede de relacionamentos pode se o principal fator de escolha de um conselheiro, porque ela é decisiva para bons resultados.

4) **Board *interlocking* – De quais outros conselhos consultivos ele participa ou quais pessoas admiráveis já foram mentoreadas por ele?** A prática do board *interlocking* é a presença de um conselheiro ou mentor em mais de uma empresa/conselho ou grupo de mentoria.

5) **Articulação – O conselheiro tem capacidade de gestão articulada, conectando e movendo todas as "peças" para estabelecer uma nova "jogada"?** A capacidade de articulação é uma percepção da forma como o conselheiro movimenta informações, pessoas, negócios, conselhos, outros conselheiros comandando as estratégias a favor dos seus aconselhados.

Veja um pouco mais sobre o conselheiro articulador:

Articulação: o grande segredo do negócio

Não é à toa que o livro "A arte da guerra", de Sun Tzu, ficou tão popular entre os empreendedores, gestores e treinadores, há muitas similaridades entre a guerra e a gestão, mas, para mim, a principal delas é a estratégia.

O que é uma estratégia? É a capacidade de conhecer todas as peças de um jogo e movimentá-las de forma inteligente a fim de se buscar um resultado já planejado. O estrategista não apenas pensa, ele dinamiza o jogo. Ele joga.

Pois bem, o conselheiro tem uma ampla rede de contatos, ele conhece as pessoas mais relevantes do ramo, políticos, empresários de outras áreas e influenciadores. Quando um mentor ou conselheiro quer produzir um determinado resultado, ele movimenta todo o seu *networking* em função da sua estratégia.

Ser um articulador, para quem empreende, é estabelecer relações entre pessoas e instituições em prol dos negócios. Dentro do próprio sistema da empresa, a estratégia e a articulação também se tornam competências mestras. Os departamentos, colaboradores, lideranças também precisam ser guiados a partir de um olhar estrategista, que muitas vezes vem do conselheiro/mentor.

Um bom articulador sabe que não se pode ver todos como concorrentes, pois a rede de relacionamentos em várias frentes constitui um grande valor do candidato a conselheiro.

Sempre que pensar em negócio, pense em pessoas. Sempre que pensar em pessoas, lembre-se que elas não se resumem a colaboradores que trabalham diretamente dentro do negócio, uma vez que existem muitos profissionais fora do sistema direto que colaboram para o sucesso de todo negócio.

Construir uma rede de conselheiros e mentores é fundamental para garantir que o empresário sempre estará rodeado de pessoas com as quais ele poderá contar. Isso, é claro, para uma empresa que deseja crescer e chegar em um nível acima. Quando um empresário encontra um bom conselheiro, ele tem segurança de não estar mais sozinho. Conselheiros, consultores, mentores são pessoas que se tornam chave para os resultados que todos buscam.

Quais pessoas externas ao negócio mais influenciam sua empresa hoje? Senão há nenhuma, está na hora de lançar mão desse recurso poderoso de crescimento.

> "Se você não tem um estrategista e articulador, sempre estará atrás de quem já reconheceu o poder desse profissional educador de negócios."
>
> Elaine Cardoso

Erika Moraes

Erika Santos Moraes, coach, palestrante, analista de perfil comportamental, escritora, pedagoga. Gestora da emoção, terapeuta psico-cognitivo e pastora.
Corretora de imóveis, avaliadora judicial, gestão de negócios, mentalidade financeira e *business high performance*; inteligência financeira, vendas, *coach business*. Atleta equestre de rédeas, equoterapeuta, melhor amazonas do Brasil.

ABQM 2012, Campeã Potro Futuro ANCR 2014, criadora de cavalos Quarto de Milha desde 1998 e cães American Pit Bull desde 1997.

Mãe do Jean Levy e Demetry Levy, reside em São Roque/SP. Paranaense da cidade de Jacarezinho, filha do Levy e Rachel Moraes e irmã do Weber e Levy Filho. Princesa de Jesus cumprindo um propósito de transformar vidas.

erikamedalhadeouro

erikamedalhadeouro76@gmail.com

+55 (11) 99932-6831

erikamedalhadeouro

https://www.oseucoach.com/coach956847

12 DESENVOLVENDO A RESILIÊNCIA E AUTOCONFIANÇA

Por Erika Moraes

Desenvolver a resiliência e a autoconfiança são habilidades cruciais para qualquer empreendedorismo. Muitas vezes, a trajetória de um empreendedor é repleta de desafios e obstáculos, e é justamente nessas horas que a resiliência e a autoconfiança são colocadas à prova.

No entanto, essas habilidades não são inatas. Elas podem ser desenvolvidas, treinadas e aprimoradas ao longo do tempo. Para isso, é necessário um esforço consciente e perseverante por parte do empreendedor.

Ser um empreendedor bem-sucedido requer mais do que apenas uma boa ideia de negócio. É preciso desenvolver e treinar habilidades que permitam lidar com as adversidades e desafios que inevitavelmente surgirão. Entre essas habilidades, a resiliência e a autoconfiança se destacam como fundamentais para alcançar o sucesso no mundo empresarial.

Uma das maneiras de treinar e aprimorar essas habilidades é buscar conhecimento e capacitação. Quanto mais você souber sobre o mercado em que atua, seus concorrentes e seu público-alvo, mais confiante você se sentirá para tomar decisões importantes. A busca constante pelo aprendizado é uma estratégia poderosa para o empreendedor que busca alcançar a excelência em seu negócio.

Participar de eventos e *workshops*, ler livros e artigos relacionados ao seu negócio são algumas das formas de se manter atualizado e obter novos conhecimentos. Além disso, investir em cursos e treinamentos específicos pode ajudá-lo a desenvolver habilidades técnicas e comportamentais que serão úteis na condução do seu negócio.

Ao buscar conhecimento e capacitação, o empreendedor não apenas aprimora sua resiliência e autoconfiança, mas também expande sua visão de mundo e adquire novas perspectivas. O aprendizado constante é uma forma de se manter atualizado e de encontrar soluções para os problemas que surgem ao longo do caminho.

Em suma, buscar conhecimento e capacitação é uma das estratégias mais eficazes para desenvolver e treinar a resiliência e a autoconfiança necessárias para o sucesso no empreendedorismo. Ao investir no seu próprio aprendizado, você fortalecerá a si mesmo e a sua empresa, tornando-se cada vez mais preparado para enfrentar os desafios do mundo dos negócios.

Um dos primeiros passos para desenvolver a resiliência e a autoconfiança é encarar os desafios como oportunidades de crescimento. Em vez de se sentir desencorajado diante dos obstáculos, é importante ver cada dificuldade como um teste para sua capacidade de resolver problemas e encontrar soluções. Agora vou discorrer 3 pontos principais para você desenvolver a autoconfiança e resiliência. Sendo que autoconfiança é confiar em si mesmo e resiliência é a capacidade de voltar ao estado normal. No campo da psicologia, resiliência significa *resistência ao choque, à adversidade*.

Primeiro ponto - Medo

Enfrentar seus medos é fundamental para desenvolver a resiliência e a autoconfiança. Identifique quais são eles e trabalhe para enfrentá-los aos poucos. Lembre-se de que a coragem não é a ausência de medo, mas sim, a capacidade de enfrentá-lo.

Ser empreendedor é uma jornada desafiadora, que exige coragem e determinação para superar as adversidades. No entanto, muitas vezes, o medo pode ser um grande obstáculo para o sucesso no mundo empresarial. Identificar seus medos e trabalhar para enfrentá-los é uma das formas mais eficazes de desenvolver a resiliência e a autoconfiança necessárias para seguir em frente em seus empreendimentos. Enfrentar os medos não significa ignorá-los ou fingir que não existem. Pelo contrário, é preciso encará-los de frente e trabalhar para superá-los, aos poucos. É normal sentir medo diante do desconhecido ou de situações desafiadoras, mas é importante lembrar mais uma vez que a coragem não é a ausência de medo, mas sim a capacidade de enfrentá-lo.

Ao enfrentar os próprios medos, o empreendedor aprende a confiar mais em si mesmo e em sua capacidade de lidar com as dificuldades que surgem ao longo do caminho. Essa habilidade é fundamental para lidar com os riscos inerentes ao mundo dos negócios e para tomar decisões importantes com mais segurança e tranquilidade.

Enfrentar os medos também permite que o empreendedor explore novas possibilidades e experimente coisas novas em seu negócio. Ao se arriscar e sair da zona de conforto, ele pode descobrir novos talentos e habilidades, e desenvolver a criatividade e a inovação necessárias para se destacar em seu mercado. Em suma, essa habilidade é uma das dicas mais importantes para desenvolver a resiliência e a autoconfiança no empreendedorismo. Ao superar os obstáculos que surgem ao longo do caminho, o empreendedor aprende a confiar mais em si mesmo e em seu potencial, e a encontrar soluções criativas e inovadoras para os desafios do mundo dos negócios.

Aplicação - Pegue um caderno e liste o que mais tem gerado medo em seu coração em relação aos negócios e as decisões que precisa tomar. Leia tudo o que escreveu e pense: como vou resolver?

***Segundo Ponto* - Foco**

Manter-se focado nos resultados é outro aspecto importante para aprimorar a resiliência e a autoconfiança. O empreendedorismo é um mundo de incertezas e desafios constantes, mas manter o foco nos resultados desejados pode ser a **chave** para desenvolver a resiliência e a autoconfiança necessárias para enfrentá-los. Quando se mantém o olhar fixo nos objetivos que se deseja alcançar, é possível visualizar-se atingindo-os e manter-se motivado para superar as dificuldades que surgem pelo caminho.

Visualizar o sucesso pode ajudar o empreendedor a manter a perspectiva e a enfrentar os momentos de incerteza e insegurança. É importante lembrar que o caminho para o sucesso pode ser longo e tortuoso, mas com foco nos resultados e determinação, é possível chegar lá.

Mantenha-se concentrado nos resultados que deseja alcançar, mesmo diante das dificuldades. Seja claro em relação aos objetivos do seu negócio e crie um plano de ação para alcançá-los. Lembre-se que o sucesso é uma jornada, não um destino, e que cada passo dado em direção aos seus objetivos é uma conquista a ser celebrada.

Ao manter o foco nos resultados, o empreendedor desenvolve a habilidade de lidar com a pressão e a incerteza, aprende a adaptar-se às mudanças e a encontrar soluções criativas e inovadoras para os desafios que surgem ao longo do caminho. A resiliência e a autoconfiança são fortalecidas, permitindo que o empreendedor mantenha a motivação e o otimismo, mesmo diante dos obstáculos mais difíceis.

Em resumo, manter o foco nos resultados desejados é uma das dicas mais importantes para desenvolver a resiliência e a autoconfiança no empreendedorismo.

Aplicação - Tire um tempo todos os dias, relaxe, respire profundamente e se visualize atingindo seus objetivos, crie um plano de ação e celebre cada conquista ao longo do caminho, isso pode ajudá-lo a manter-se motivado e determinado, mesmo diante dos desafios mais difíceis.

Terceiro Ponto - Erre

Por fim, é importante aprender com os erros. Erros fazem parte do processo de aprendizagem e crescimento. Em vez de se culpar por seus erros, use-os como uma oportunidade para aprender e melhorar suas habilidades e estratégias.

Em toda jornada empreendedora, os erros são inevitáveis. Porém, o que diferencia os empreendedores bem-sucedidos dos demais é a forma como lidam com esses erros. Aprender com os próprios erros é uma habilidade crucial para desenvolver a resiliência e a autoconfiança no empreendedorismo. Ao invés de se abater com um erro, é importante identificar as causas e os pontos de melhoria. Aprenda com cada situação, analise os resultados e tente novamente com uma abordagem diferente. Essa mentalidade de aprendizagem contínua é fundamental para aprimorar habilidades e estratégias, e assim, crescer de forma mais sustentável.

Lembre-se de que todos os grandes empreendedores já enfrentaram fracassos e cometeram erros no caminho para o sucesso. Mas é justamente a capacidade de aprender com esses erros que permite que eles se tornem líderes de sucesso em suas áreas. Portanto, encare seus erros como oportunidades valiosas de aprendizagem e evolução.

Aplicação - Liste em um caderno os erros que já cometeu em sua jornada de negócios, coloque abaixo de cada um deles como você conseguiu resolvê-los e qual o aprendizado adquirido.

Você vai perceber que os erros o impulsionaram para o crescimento, para a ação e para a criação de estratégias. Desenvolver a resiliência e a autoconfiança no empreendedorismo é um desafio constante, mas é fundamental para o sucesso no mundo dos negócios. Com perseverança, dedicação e esforço, é possível aprimorar essas habilidades e se tornar um empreendedor mais confiante, resiliente e bem-sucedido. CREIA, VOCÊ PODE, VOCÊ CONSEGUE.

Reforçando que buscar conhecimento e capacitação é uma das estratégias mais eficazes para se fortalecer, confiar e não desistir. Te incentivo a ler o livro de Provérbios na Bíblia, que vai te instruir e capacitar para o mundo dos negócios, sem contar que vai cuidar do seu corpo, alma e espírito, e te encher de sabedoria.

Trabalhe com esses pontos - MEDO, FOCO e ERRO.

Se tiver medo diante de uma situação, faça o que tem que ser feito com medo e tudo, não perca o foco diante dos problemas que vão surgindo no caminho, que ativam o medo para te paralisar; se você errar, corrija a rota, mude as atitudes e recomece com mais experiência.

Quero deixar outra chave para você: "*Não andem ansiosos por coisa alguma, mas em tudo, pela oração e súplicas, e com ação de graças, apresentem seus pedidos a Deus. E a paz de Deus, que excede todo entendimento, guardará seus corações e as suas mentes em Cristo Jesus." Filipenses 4: 6 e 7 e concluir com essa passagem: "Não estou dizendo isso porque esteja necessitado, pois aprendi a adaptar-me a toda e qualquer circunstância. Sei o que é passar necessidade e sei o que é ter fartura. Aprendi o segredo de viver contente em toda e qualquer situação, seja bem alimentado, seja com fome, tendo muito, ou passando necessidade. Tudo posso naquele que me fortalece.*" Filipenses 4:11-13.

Creia, você pode, você consegue!

"Creia, você pode, você consegue!!!"

Erika Moraes

Prof. Ezequias Guilherme

Sou Ezequias Guilherme da Silva, nascido na zona rural de uma cidadezinha pacata do interior do estado do Ceará chamada Jaguaretama. Meus pais eram agricultores seguindo o padrão da família, até que dentre quatro irmãos veio eu, doente de asma, e meu pai me orientou a estudar para ganhar dinheiro, os detalhes conto no livro *Minha Loja de Sucesso*.

Realizei o sonho da família me graduando em Matemática e depois de 7 anos sendo professor concursado, pedi exoneração. Quebrei minha primeira empresa, perdi tudo e recomecei do zero com minha esposa e hoje temos duas lojas.

profezequiasguilherme

profezequiasguilherme@gmail.com

canaldoezequias4944

+55 (88) 99993-3249

13 DESENVOLVENDO IDEIAS CRIATIVAS DE NEGÓCIOS

Por Prof. Ezequias Guilherme

Interessante falar sobre ideias criativas de negócios, pois este conceito me acompanha desde a minha infância, com meu pai, na cidade de Jaguaretama. Quando ele era agricultor e um certo dia não tendo como vender sua safra de feijão por estar saturado nos supermercados, preocupado em sustentar a família, o dono do supermercado disse que se fosse vassouras, compraria. Então meu pai mesmo sem saber produzir, enfrentou o novo para resolver o problema daquele comerciante - e logicamente o seu, de sustentar a família. Com isto, me ensinou vender cocada, picolé de saco para a vizinhança e depois, bombons na escola.

Ao conversar com o meu pai, as ideias vinham em minha cabeça, por várias vezes ficava ali na roça pensando como multiplicar uma criação de ovelhas, gados e exportar queijo de nossa cidade para a capital, pois fazia mentalmente muitas contas sobre as possibilidades de ganhos que me faria ter uma renda sem trabalhar no pesado da roça.

Mas a realidade é que não sabia como concretizar essas ideias e por compartilhá-las com primos, familiares e amigos, eles me chamavam de sonhador e que isso só seria capaz para os filhos dos fazendeiros e comerciantes. Sendo eu filho de agricultor que trabalhava para esses fazendeiros, tive que pensar fora da caixa, então me veio a ideia de sentar-me perto dos adultos e ouvir suas conversas; eu era metido em fazer perguntas aos comerciantes e fazendeiros, com isto eles diziam para o meu pai que eu era um menino inteligente e que meu pai me colocasse para estudar para ter um futuro melhor, foi aí onde comecei fazer *networking* estratégico e modelagem de negócios.

Fazer faculdade foi inevitável para mim, porém o lema era estudar para ganhar dinheiro, coisas que meu pai colocou em minha cabeça, que eu precisava de dinheiro. Procurava conversar com os colegas e eles falavam das ideias que tinham, porém, muitas vezes não aplicavam pelo medo ou a timidez, eu ia lá e fazia por causa da necessidade, como distribuir cartazes nas escolas particulares para dar aula de reforço aos filhos dos ricos; isso me tornou conhecido nas escolas e gerou a oportunidade de ser convidado para lecionar.

Perceba, caro leitor, que as ideias criativas de negócios estão na boca das pessoas que convivem com você ou dos novos *networkings* que você deve buscar estrategicamente, essas ideias são expressas por elas ou são problemas apresentados que elas buscam solução. A diferença está em você aplicar essas ideias diretamente ou fazer uma modelagem adaptada para sua realidade ao invés de deixar apenas no campo da imaginação.

Começamos um negócio sempre com uma ideia, vemos problemas de pessoas ao nosso redor e buscamos solucionar, porém, a busca por solucionar os problemas de outros é um desafio que precisamos de conhecimento em algo novo ou diferente que vamos começar fazer. Para isto acontecer, existe um processo e neste processo que as vezes você não tem o conhecimento, pode ser o diferencial para alavancar ou para impedir o seu crescimento. Quando você está nesta busca, surgem duas direções a seguir: uma delas é procurar fazer sozinho, inovando e tentando acertar algo muito difícil e a outra direção é observar quem faz o que você deseja fazer, pessoas próximas ou distantes, e modelar estas pessoas, empresa ou companhia, pois modelar é não inventar a roda e sim, aperfeiçoar a que já existe.

A criatividade de uma ideia implementada é exatamente igual a muitas ideias nunca saídas da imaginação, nem mesmo para o papel. O diferencial está em executar suas ideias ou de outras pessoas que te falaram em um *networking*, tipo assim: "Estou com um problema e não tem ninguém na minha região que resolva" ou "Às vezes fico pensando se alguém tivesse a ideia de fazer isto, resolveria aquilo". É assim que as pessoas apresentam as ideias criativas.

Olha estas: "Se uma pessoa colocasse uma oficina para concertar motos aos domingos, iria ganhar muito dinheiro, porque domingo é o único dia livre para nós que trabalhamos a semana toda"; "Amiga, vi o anúncio de uma empresa de lavagem a seco e pensei que seria ideal limpar meu sofá, mas tem que levar lá e eu amo ele, tenho ciúme de tirar e estragá-lo na viagem, se tivesse como lavar aqui em casa, seria ótimo!". Viu aí como surgem as ideias de negócios?

Mesmo que pareça simples - e a verdade é que quanto mais simples, mais rápido você realiza - a criatividade vem por quem executa, mesmo modelando outros que já executam uma atividade semelhante; sua execução tem seu calor, sua cara, e isto sempre será um dos diferenciais em seu negócio. Portanto, as ideias que estão surgindo em sua mente agora, ao ler este livro, devem ser colocadas no papel, para que logo mais você comece executar as mais viáveis.

Saiba que não devemos nos prender apenas a uma ideia, pois à medida que estivermos executando, é que realmente saberemos se é aquilo que queremos nos dedicar; como também pode surgir algo diferente e às vezes até melhor, como aconteceu comigo duas vezes ao longo de minha jornada como empreendedor, comecei vendendo colchões, depois lavagem de sofá e agora sou dono de lojas de roupas, onde me encontrei e estamos escrevendo nossa história.

As pessoas não quebram suas empresas porque querem ou porque são irresponsáveis, mas elas quebram porque não tem o conhecimento e não seguem um método simples, prático e eficiente que gere sustentabilidade em seu negócio.

Comecei uma jornada de diálogo com empreendedores de pequenos negócios de bairros e negócios medianos nos centros das cidades por onde passei: Ceará, Pernambuco, Paraíba e Bahia. Neste diálogo, percebi uma semelhança nestes negócios que permanecem crescendo e nos que morrem ao longo dos seus três primeiros anos: os que permanecem seguem uma sequência de tomadas de decisões e comportamento semelhantes e os que morrem ao longo dos três primeiros anos, tomam decisões antes do tempo ou fora do tempo, isto faz comprometer o seu crescimento, vindo ao fracasso de seu empreendimento, enquanto os demais têm vida sustentável.

Para ajudar estes novos empreendedores, criamos o método 5Es, que dá uma direção com sequência de decisões e comportamento sequencial para o empreendedor que busca dar vida sustentável ao seu negócio. O método 5Es consiste em desenvolver habilidade de *networking*, como abertura de portas de oportunidades, que é desenvolver relacionamento com novas pessoas estrategicamente expressando suas ideias, para resolver certos problemas. Com isto, você pode estar frente a um possível cliente ou um parceiro que te levará a pessoas que podem te ajudar, essa é a habilidade em *networking*.

E1 - Empreenda com o que já tem disponível.
E2 - Entenda o processo para depois acelerar.
E3 - Encontre pessoas para fazer parcerias.
E4 - Estruture para o crescimento automático.
E5 - Escale e desfrute com quem você ama.

Um outro detalhe importante percebido neste diálogo, foi que sempre que surge em nossa mente a ideia de empreender, é para resolver um problema pessoal financeiro, sobrevivência, renda extra para suprir a necessidade familiar ou pessoal, quando perdemos o emprego ou estamos em alguma crise que precisamos de dinheiro, ou para realizar um sonho de conquistar algo maior que chamamos de realização, que normalmente não conseguiríamos sem o empreendedorismo, pois o emprego não geraria o caixa suficiente para isso.

Partindo da nossa necessidade, é que buscamos resolver o problema de alguém ou de um grupo na sociedade, que chamamos de "nicho de atuação", pois escolhendo um nicho que tem um problema específico e resolvendo ele, estamos ajudando aquelas pessoas na sociedade e consequentemente estamos realizando nossos sonhos e atingindo nossos objetivos.

Um outro ponto que às vezes não somos despertados a observar e pela falta desta observação você que tem todas as condições no mundo de empreender e não empreende porque não tem uma necessidade pessoal, já é realizado financeiramente com seu emprego ou suas buscas por realização não são tão audaciosas que precisem de uma renda a mais, é que empreender resolve um terceiro problema básico da sociedade, que é a geração de renda e emprego para pessoas que precisam de sua ideia ou até mesmo têm uma ideia e não tem um investimento.

Com isto, relato aqui uma frase citada em seus *podcasts* pelo emblemático empresário que inspira, Flávio Augusto: "O futuro de um negócio é ser quebrado, herdado ou vendido"; este pensamento me abriu a mente e de muitos empreendedores brasileiros, que tiveram um aumento de compra e venda de empresas prontas funcionando; então, você pode ser um gerador de empregos com habilidade de criar negócios, fazer funcionar e vendê-lo pronto para alguém que não teve a perspicácia de criar tal empreendimento.

Portanto, caro leitor, entendemos que ideias criativas de negócios são desenvolvidas quando fazemos *networking* com novas pessoas, em reuniões familiares, associações, eventos de empreendedorismo ou até mesmo no dia a dia do trabalho, em uma fila de atendimento ao público, enfim, onde tem pessoas para conversar, iniciando uma troca de ideias em assuntos comum a ambos. Nestas conversas, muitas vezes informal, as pessoas declaram suas necessidades ou sonhos e ao solucionar os problemas destas pessoas estamos contribuindo para o nosso desenvolvimento pessoal e da sociedade em que vivemos.

Depois desta leitura e reflexão, te convido a pegar um papel e caneta e anotar em um rascunho todas as ideias que vieram à sua cabeça durante a leitura, as que você pensou, as que você ouviu de alguém e os problemas que você ouviu sendo relatados pelas pessoas. Agora que você anotou, separe nestas três categorias: *suas ideias, ideias de outros e problemas*. De cada categoria, selecione uma ideia que seja mais viável para colocar em prática; dentre elas, escolha a mais viável para o momento que você está vivendo e as outras ficam em reserva, para te dar inspiração. Depois de escolhida a ideia que irá executar, busque uma empresa ou uma pessoa que já executa para você modelar, e assim terá uma direção de como fazer e ter resultados lucrativos; volte na leitura e reveja o Método 5Es.

"O princípio fundamental para alcançar o sucesso em seu empreendimento está diretamente relacionado ao *networking* estratégico e à modelagem planejada."

Prof. Ezequias Guilherme

Fabiana Martins

Especialista em Finanças. Contadora, administradora, pós-graduada em Gestão de Custos e Controladoria. Mais de 18 anos de atuação em grandes empresas nacionais e multinacionais.

Consultora financeira e mentora de empresários que acreditam no empreendedorismo e sonham em viver uma vida próspera em todos os sentidos.

Fundadora do curso "Minha Empresa Lucrativa", ferramenta que tem sido poderosa para pequenos e médios empresários que desejam crescer, mas não sabem o caminho. Amo pessoas, me relacionar com elas, desenvolver conexões e contribuir para o crescimento e prosperidade de quem está ao meu redor.

fabianamartinsfinancas

consultoria@fabianamartinsfinancas.com.br

14 APRENDENDO A DELEGAR TAREFAS

Por Fabiana Martins

Eu tenho o orgulho de dizer que nasci em uma família de empreendedores. Meu avô era proprietário de um bar, minha tia de uma mercearia, meu tio de um depósito de material de construção, minha mãe de uma papelaria e por aí vai. E minha grande referência profissional é o meu pai, que foi de engraxate na infância até dono de discoteca na juventude. Quando nasci, ele era gerente de uma transportadora no interior de Minas Gerais, na cidade de Itabira, onde liderava uma equipe grande. Lembro-me criança indo ao trabalho dele, desenhando em sua mesa no escritório que ficava no andar de cima e quando eu olhava lá embaixo no galpão, o via liderando os processos, controlando tudo e sendo aquele que fazia o trabalho acontecer.

Não tive como fugir, acabei indo para o mundo dos negócios também. Meu primeiro trabalho foi um estágio ainda no Ensino Médio, no setor de Arquivo, fui efetivada e nomeada líder dos estagiários em menos de dois anos de casa. Uau! Eu tinha18 anos e já liderava uma equipe de 5 estagiários. Minha primeira experiência delegando tarefas. É empolgante lembrar como eu otimizei os processos daquele setor, preparando organogramas, definindo papéis, prazos para entrega das demandas e treinamentos.

Já nessa época eu comecei a viver a experiência de que grandes conquistas e crescimento só eram possíveis através de uma equipe. Sozinhos conseguimos importantes vitórias, mas em equipe conseguimos coisas extraordinárias. Após essa experiência, fui analista de custos em uma multinacional, onde acabei liderando também o setor. Fui gerente financeiro em uma outra empresa e liderei mais pessoas, e várias oportunidades sempre surgiram e por 18 anos vivi em grandes empresas o desafio de delegar e também ser delegada.

Aprendi na prática como estabelecer e estar inserida em processos que dão resultados, que são verdadeiramente eficazes. Mas essa arte passou a ter outra conotação e valor quando abri o meu próprio negócio e comecei a me relacionar com pequenos e médios empresários que possuíam muita resistência e pouco conhecimento para desfrutar dos benefícios de delegar.

Em grandes empresas, o dono - aquele que um dia teve a coragem de empreender - já viveu etapas e passou por experiências que o obrigou a "sair de trás do balcão" e ter um time que fizesse a empresa funcionar. E são essas pessoas que me inspiraram por toda a minha trajetória profissional.

Quando abri o meu primeiro negócio, junto com uma amiga que foi minha sócia na época, me deparei com uma enorme barreira para contratar funcionários por parte dela. Ela era aquela dona que precisava estar na operação, que não confiava em delegar, que acreditava que somente ela era capaz de fazer um bom trabalho e morria de trabalhar para fazer a empresa crescer. Aquele trabalho duro na força do próprio braço. O dono precisa estar presente quando o negócio é novo e pequeno, em que o capital para investir é baixo. Mas é necessário planejamento para ter uma empresa que funcione sem depender unicamente e exclusivamente do dono, pois se a empresa depende de uma pessoa apenas, ela está fadada à escassez. Uma pessoa, por melhor que ela seja, é limitada. Só cresce e prospera quem tem coragem de construir sucessores, liderados, um time que seja bom com você, mas ainda melhor se você não estiver presente. Esse precisa ser o objetivo de qualquer empreendedor.

E se eu delegar e não der certo?!

Esse é o "monstro" que assusta os empreendedores. "Se eu deixar para outra pessoa fazer, não vai ficar tão bom quanto eu". Sabe como vencer esse medo? Te desafiando a formar um time melhor que você. Mude o seu desafio. No lugar de ser você o melhor da sua empresa, tenha como meta ser a sua equipe a melhor da empresa. Tudo aquilo que focamos, expande. Delegar é diferente de largar na mão do outro. Vou descrever os passos para delegar e ter sucesso:

1) Tenha gestão de processos

Tarefas só serão bem desempenhadas se forem claras. O seu time desempenhará um bom papel se estiver claramente definido o que precisa ser feito, como fazer, em que prazo e como medir a eficiência. Estou falando aqui de gestão de processos. Você precisa desenhar como sua empresa tem que funcionar. Isso exige humildade, chamar o time para desenhar junto, discutir o melhor jeito de fazer as coisas, padronizar, estabelecer rotinas, testar, modificar quando necessário, documentar e acompanhar. Como ferramentas, para esse processo serão necessários organogramas, agenda, checklist e até mensagens padronizadas. Essa etapa bem desempenhada levará sua empresa a ser autogerenciável.

2) Contrate bem as pessoas do seu time

Você já sabe como sua empresa precisa funcionar. Você já desenhou os processos, padronizou a comunicação, organizou os controles, enfim, está pronta para rodar perfeitamente. Porém, você precisa das pessoas certas para desempenhar os papeis. Como assim?! Já vou dizer sem muitas palavras, "se o seu time não é bom, a culpa é sua". Se você não tem as pessoas certas para executar os processos da sua empresa, é porque você contratou errado ou não treinou da maneira correta.

Contratar as pessoas certas vai depender da sua capacidade de identificar quem está alinhado à cultura da sua empresa, quem carrega os mesmos valores que são importantes para você e o seu negócio, além das habilidades técnicas e profissionais. Portanto, delegar é fácil para pessoas que querem fazer parte da engrenagem. Deixo um conselho, seja lento para contratar, avalie muito bem, mas seja rápido para demitir. Se ao delegar, medir, dar *feedback*, as tarefas delegadas não são executadas conforme o processo, você não pode comprometer todo o resultado. É hora de agir como verdadeiro gestor.

Aqui identifico um grande vale, pois muitos empreendedores contratam com medo e são atormentados por mais medo ainda na hora de demitir seus funcionários. A demissão pode ser o maior favor que você faz para um funcionário quando nem ele e nem você estão satisfeitos com os resultados.

3) Use ferramentas de gestão

Quero te indicar 3 ferramentas essenciais:

a) *Planilha de indicadores*, para medir se as metas estão sendo alcançadas. Todo processo e tarefa tem que ser acompanhados por metas e essas precisam ser medidas de alguma maneira. Exemplo: Você delega para o seu time comercial prospectar 40 clientes por semana. Você precisa ter um sistema que ele cadastre todos os contatos realizados, e ao longo do mês você precisa acompanhar se a atividade está sendo executada conforme a gestão de processos.

b) *Relatório de expectativas*, preenchido em uma reunião de feedback entre você e seu funcionário, na qual vocês definem juntos as tarefas que serão executadas por ele, você deixa claro quais são suas expectativas em relação a ele e as atividades (nesse momento, é importante você ter definido a cultura da sua empresa, pois suas expectativas estarão alinhadas à cultura do negócio), e o seu funcionário também descreve as expectativas dele diante daquela atividade. Vocês assinam esse documento e ele deve ser revisado no mínimo semestralmente ou quando for necessário por vocês dois.

c) *Reuniões de feedback semanalmente*, para você acompanhar de perto a execução de todas as tarefas, estar aberto e próximo para desenvolver seu funcionário, treinar no dia a dia, ouvir os desafios que ele está enfrentando, ajustar o que for necessário. Essas reuniões não precisam ser longas, sugiro que seja de 30 min com cada pessoa da equipe. Se sua equipe for grande, você fará com os líderes, os gestores, e esses farão com seus liderados. Tire uma manhã para fazer todas as reuniões de feedback, ou pode chamar também de reunião de follow-up.

4) Inspire seus funcionários a serem líderes

Liderar não se trata apenas de gerenciar uma equipe. Todo funcionário precisa ser motivado a liderar o seu trabalho, suas atividades, ser responsável pelos seus resultados e encontrar propósito em tudo que faz. Ter um funcionário com postura de dono é possível quando você ensina o caminho para ele empreender, mesmo tendo a carteira assinada. Sim, empreendedorismo é um estilo de vida. Empreender é você construir a carreira que sonha ter. É você produzir com propósito. A garantia que você delegará as tarefas para o seu time e elas serão executadas com êxito está na certeza de que eles se sentiram donos dessas atividades e que compreenderam porque elas precisam ser realizadas.

Liberdade para fazer dinheiro

Quando você aprende a delegar tarefas, ou seja, desiste de ser centralizador e ter a falsa sensação de controlar tudo, porque afinal, ninguém possui o controle absoluto das coisas, você tem a oportunidade de viver a verdadeira liberdade.

Liberdade é algo essencial para o empreendedor usar toda sua habilidade de criar, inovar, construir para realizar o sonho de prosperidade para si e para os outros. Se você não tem tempo para centralizar suas energias nas áreas mais estratégicas da sua empresa, você será engolido por outros empreendedores que priorizam isso.

Todo empreendedor tem um objetivo em comum ao abrir seu negócio: prosperidade. E não tem nada de errado nisso, muito pelo contrário, é louvável! Mas entenda algo: a prosperidade virá como consequência da sua liberdade em compartilhar seu conhecimento e em permitir que outros vivam junto com você essa tarefa de produzir riquezas. Não retenha apenas para você o privilégio de crescer. Sozinho você pode ir até mais rápido, mas não irá longe.

Eu quero te desafiar a montar um planejamento estratégico e nele destacar quais cargos você precisa implementar na sua empresa, descrever as tarefas de cada cargo, desenhar os processos do seu negócio e em que momento cada cargo deve atuar. Contrate as pessoas certas, alinhadas aos seus valores e propósitos. Treine. Acompanhe. Sua empresa será um sucesso!

"Tudo é possível quando se quer de verdade."

Fabiana Martins

Felipe Abreu

Felipe é empresário, *coach* e consultor especializado em otimizar processos via automação e inteligência artificial. Contudo, sua verdadeira paixão é o potencial humano.

Destacando-se entre os principais desenvolvedores de *software* no mundo, Felipe equilibra habilidades técnicas e entendimento humano, impulsionando pessoas e negócios ao máximo.

Seu trabalho, a consultoria Business Explosion, concretiza essa missão. Ele mapeia processos empresariais, identifica gargalos e aplica soluções inovadoras, utilizando a inteligência artificial.

Na arte de maximizar resultados, Felipe é uma "máquina", pois reconhece que o real potencial está na união entre pessoas e tecnologia.

mentordosnerds

Felipe Sayão Lobato Abreu

+55 (48) 99151-5914

15 O FUTURO DO EMPREENDEDORISMO: DESAFIOS E OPORTUNIDADES

Por Felipe Abreu

A revolução digital transformou o mundo dos negócios em um ritmo vertiginoso e novas tecnologias continuam a emergir, redefinindo o cenário competitivo global. Neste capítulo, discutiremos os desafios e oportunidades apresentados por esse contexto e como as empresas podem se adaptar e prosperar.

Desaceleração do crescimento e perda de performance

O crescimento acelerado é um objetivo para muitos empreendedores, mas também pode gerar problemas inesperados. À medida que as empresas crescem rapidamente, a eficiência operacional pode ser prejudicada pela complexidade e ineficiências no processo, resultando em perda de performance. Essa perda pode colocar em risco a sobrevivência e o sucesso da empresa. Isso ocorre principalmente devido à falta de adaptação às mudanças do mercado e às tecnologias emergentes. A concorrência não está dormindo: outras organizações estão adotando tecnologias, como a inteligência artificial, e se adaptando rapidamente às mudanças do mercado.

Se você deixar para experimentar novas tecnologias daqui a 6 meses, provavelmente estará seis 6 meses atrasado quando decidir inovar seu negócio.

A luta no oceano vermelho

Essa inflexibilidade diante da mudança catapulta as empresas em uma esfera de competição cada vez mais intensa e saturada, simbolizada como o "oceano vermelho". Neste ambiente, as empresas lutam para sobreviver, disputando o mesmo espaço, muitas vezes levando a uma guerra de preços prejudicial. Por outro lado, a estratégia do oceano azul propõe a criação de novos mercados e a diferenciação significativa de produtos e serviços como alternativa para escapar do conflito desgastante com os concorrentes.

A falha em adotar novas tecnologias ou a ausência de uma cultura de inovação robusta pode impedir as empresas de acompanharem as rápidas transformações do mercado. Como consequência, elas podem enfrentar uma diminuição na performance, ficando presas no turbilhão do oceano vermelho, enquanto as oportunidades do oceano azul permanecem inexploradas.

Impulsionando a inovação: a chave para o sucesso

Para superar esses desafios, os empresários precisam fomentar uma cultura de gestão da inovação, que englobe os seguintes princípios:

1. **Antecipar as mudanças do mercado** - Manter-se atualizado sobre as tendências e desenvolvimentos tecnológicos e adaptar-se rapidamente às mudanças do mercado é crucial.
2. **Automatização de processos -** Otimizar a eficiência operacional, diminuir custos e aumentar a agilidade corporativa requer a automatização de processos. A adoção de tecnologias como inteligência artificial, robótica e análise de dados permite a automatização de tarefas repetitivas e aprimora a tomada de decisões.
3. **Investir em tecnologias emergentes -** As tecnologias emergentes, como a inteligência artificial, podem proporcionar vantagens competitivas substanciais. Direcione recursos para pesquisa e desenvolvimento e implemente tecnologias que possam alavancar o crescimento dos negócios.
4. **Promover a colaboração -** Promova a cooperação entre departamentos e equipes para identificar oportunidades de inovação e aumentar a eficiência operacional. Estabeleça um ambiente propício à troca de ideias e ao compartilhamento de conhecimentos.
5. **Desenvolver habilidades e competências -** Invista no desenvolvimento das habilidades e competências dos funcionários, especialmente naquelas relacionadas às tecnologias em destaque. Ofereça treinamentos e oportunidades de aprendizado contínuo.

Gigantes do mercado, como Amazon e Tesla, exemplificam o impacto da gestão da inovação e da incorporação dessas tecnologias. A Amazon revolucionou o varejo *online* e a logística, utilizando a inteligência artificial e a robótica para otimizar processos e proporcionar uma experiência de compra superior. A Tesla, por sua vez, está à frente da indústria automobilística em inovação, com seus veículos elétricos e sistemas avançados de assistência ao motorista baseados em inteligência artificial. Estes exemplos ressaltam a importância de se manter à frente das mudanças e investir em tecnologias que potencializam o crescimento contínuo.

Incorporando tecnologia e nutrindo a inovação: a chave para o futuro

Para garantir a prosperidade dos negócios, os empresários devem acompanhar as oscilações do mercado e cultivar uma cultura resiliente de inovação.
Em um mundo em constante mudança, empreendedor visionário é aquele que enxerga o invisível, desafia o impossível e reinventa o inimaginável.

Não espere para inovar. Inicie hoje o investimento em consultoria, capacitação, tecnologias emergentes e gestão da inovação, assegurando assim o sucesso do seu empreendimento no futuro.

Promovendo um crescimento sustentável

A adoção da gestão da inovação e o investimento em tecnologias emergentes possibilitam o crescimento sustentável e aprimoramento da eficiência operacional. A inovação contínua é vital para manter a relevância no cenário global. Aqui estão algumas estratégias adicionais para impulsionar a inovação e garantir o sucesso a longo prazo:

1. **Estabeleça metas e métricas de inovação -** Defina metas claras de inovação e estabeleça métricas para monitorar o progresso. Isso ajudará a manter o foco na inovação e garantir que os recursos sejam direcionados para as áreas de maior impacto.
2. **Incentive a experimentação e a tomada de riscos: -** Incentive a experimentação e a tomada de riscos calculados, adotando a filosofia de "errar rápido, errar de forma inteligente", maximizando o aprendizado a partir de cada experiência.
3. **Estabeleça parcerias estratégicas -** Busque parcerias com outras empresas, instituições acadêmicas e organizações governamentais para explorar novas oportunidades de inovação e compartilhar conhecimento. Parcerias podem acelerar o desenvolvimento e a implementação de novas tecnologias e soluções inovadoras.

4. **Crie um ecossistema de inovação -** Construa um ecossistema de inovação, envolvendo fornecedores, clientes e parceiros, para identificar e desenvolver novas oportunidades de crescimento e melhoria da eficiência. Isso ampliará a capacidade de inovação da empresa e ajudará a garantir o sucesso a longo prazo.

Adotando essas práticas e buscando a inovação contínua, as empresas estarão prontas para enfrentar os desafios e capitalizar as oportunidades futuras, assegurando sucesso e prosperidade em um cenário empresarial cada vez mais competitivo e dinâmico.

Monitoramento e ajustes contínuos: mantendo o ritmo da inovação

A inovação e a adaptação às tecnologias emergentes não são eventos isolados. Pelo contrário, as empresas devem adotar uma abordagem contínua para aprimorar seus processos e operações. Monitorar, ajustar e refinar continuamente as estratégias de inovação é crucial para garantir o sucesso a longo prazo. Aqui estão algumas dicas para manter o ritmo da inovação e garantir que sua empresa se mantenha à frente da concorrência:

1. **Avalie regularmente o desempenho da inovação -** Monitore e avalie o desempenho das iniciativas de inovação em andamento. Identifique áreas de sucesso e oportunidades de melhoria e ajuste as estratégias conforme necessário.
2. **Reavalie e atualize as metas de inovação -** Reavalie periodicamente as metas e métricas de inovação para garantir que elas permaneçam alinhadas com as mudanças do mercado e os objetivos da empresa. Atualize as metas conforme necessário para garantir que a empresa continue se esforçando em direção à inovação e crescimento.
3. **Adote a mentalidade de aprendizado contínuo -** Fomente uma cultura de aprendizado contínuo, onde os funcionários sejam incentivados a buscarem oportunidades de desenvolvimento profissional e atualização de habilidades.
4. **Mantenha-se atualizado sobre as tendências e desenvolvimentos do setor -** Acompanhe as últimas notícias, pesquisas e desenvolvimentos em seu setor e em áreas relacionadas à tecnologia. Isso ajudará a garantir que sua empresa esteja sempre ciente das últimas inovações e oportunidades de crescimento.

5. **Esteja aberto a mudanças e novas ideias -** Cultive uma cultura organizacional aberta à mudança e receptiva a novas ideias. Incentive a comunicação e a colaboração entre as equipes e esteja disposto a ajustar as práticas e estratégias existentes quando necessário.

Ao adotar essas práticas e manter uma abordagem contínua e dinâmica para a inovação e a gestão da mudança, as empresas podem garantir que se mantenham competitivas e bem-sucedidas no cenário empresarial em constante evolução. A chave é estar sempre atento às mudanças do mercado, às tecnologias emergentes e às oportunidades de crescimento, e o tomador de decisão, líder ou gestor deve estar disposto a adaptar e ajustar as estratégias e processos da empresa para aproveitar ao máximo essas oportunidades.

O caminho para o futuro

A era da inovação e da transformação digital é uma realidade e as empresas que souberem adaptar-se e inovarem serão as que prosperarão no futuro. A adoção de tecnologias emergentes e a criação de uma cultura de inovação não são mais opções, mas necessidades para garantir a sustentabilidade e o crescimento a longo prazo.

Neste mundo em constante mudança, a inovação contínua não é apenas uma estratégia, é a chave para a sobrevivência e o sucesso. O segredo para o sucesso empresarial reside em uma constante dinâmica - seja ela mental, executiva ou geográfica. A capacidade de estar sempre em movimento, adaptando-se e respondendo proativamente às mudanças, permite que as empresas maximizem seu potencial e transformem essa capacidade latente em ação direcionada e eficaz ou, em outras palavras, em potência.

É importante reconhecer que no mundo dos negócios, a estabilidade é uma ilusão - não existe um ponto de equilíbrio estático. Ou você está em um movimento ascendente, expandindo e crescendo ou está sendo ultrapassado. Portanto, estar em movimento contínuo, expandindo sempre o potencial e transformando-o em potência, não é apenas uma estratégia para o sucesso, mas uma necessidade vital para a sobrevivência e prosperidade no ambiente empresarial dinâmico e competitivo de hoje.

"Em um mundo em constante mudança, empreendedor visionário é aquele que enxerga o invisível, desafia o impossível e reinventa o inimaginável.

Felipe Abreu"

Fernanda Jabur

Fernanda Jabur se destacou no marketing digital em 2014, hoje é CEO da FJ Createam, agência de publicidade em Campinas/SP. Especializada em posicionamento digital para grandes empresas do segmento B2B.

Foram anos se dedicando ao marketing digital, comunicação, programação neurolinguística e vendas, totalizando duas formações e mais de 30 treinamentos e especializações. Hoje, mentora de posicionamento digital e marketing empresarial, orientado a detalhes com larga experiência em desenvolvimento de negócios nas plataformas digitais.

A expert já atendeu mais de 500 empresas, é apaixonada por vendas e a responsável pelas grandes negociações da sua empresa.

ferjabur_

Fernanda Jabur

www.fjcreateam.com

16 DESENVOLVENDO A HABILIDADE DE NEGOCIAÇÃO

Por Fernanda Jabur

Acredito que a negociação sempre esteve presente em minha vida, pessoal e profissional, talvez por espelhamento da minha infância onde vivenciei muito a profissão do meu pai. Tente imaginar um vendedor nato, com mais de 30 anos de experiência em grandes negociações, não poderia ser diferente, o que nos encanta e fascina, certamente nos ensina. Por esse motivo escolhi este tema, para deixar aqui o meu legado dedicado à sucessão dessa habilidade de negociar ao meu filho, Gabriel Jabur Agostinho.

Neste capítulo, vamos explorar essas habilidades e trazer técnicas e estratégias aos leitores para que possam se autodesenvolver e se tornar um negociador mais eficaz.

A negociação é uma habilidade importante em muitos aspectos da vida, em especial no mundo dos negócios. Negociações bem-sucedidas podem levar a acordos mutuamente benéficos e ajudar a alcançar objetivos em comum. Para ser um bom negociador, é preciso ter uma variedade de habilidades, incluindo habilidades interpessoais, habilidades de comunicação, habilidades analíticas e habilidades de liderança.

Habilidades de negociação

Antes de mergulharmos nas habilidades específicas necessárias para a negociação eficaz, é importante entender o que é negociação. Em termos simples, a negociação é uma troca entre duas ou mais partes que buscam atender às suas necessidades e interesses. A negociação bem-sucedida requer que ambas as partes estejam dispostas a ouvir e a comprometer-se. Aqui estão algumas das habilidades mais importantes necessárias para a negociação eficaz:

1. Habilidades interpessoais: a habilidade de se relacionar bem com outras pessoas é crucial para a negociação.

Para os estudiosos, uma técnica conhecida chamada *Rapport* (palavra de origem francesa que significa "relacionamento ou conexão"), é utilizada para estabelecer conexão e relação de confiança entre duas pessoas. Muito utilizada em contextos de negociação, vendas e *coaching*, por exemplo, por ajudar a criar uma atmosfera mais positiva e colaborativa entre as pessoas envolvidas. Para que ela seja efetiva, é necessário prestar atenção em aspectos como linguagem corporal, tom de voz, postura e estilo de comunicação da outra pessoa. É importante demonstrar empatia, compreensão e interesse genuíno pelo que o outro está dizendo. Aprofundando brevemente, algumas técnicas de *rapport* incluem imitar sutilmente a linguagem corporal da outra pessoa, fazer perguntas abertas e demonstrar interesse em suas opiniões e sentimentos. O objetivo é criar uma relação de confiança e empatia que facilite a comunicação e a colaboração mútua.

É preciso saber ler e interpretar as emoções das outras pessoas e ser capaz de se comunicar de maneira clara e concisa. A empatia e a capacidade de se colocar no lugar do outro também são habilidades importantes em uma negociação.

Habilidade interpessoal é saber ler e interpretar as emoções das outras pessoas e ser capaz de se comunicar de maneira clara e concisa. A empatia e a capacidade de se colocar no lugar do outro também são muito importantes nesse quesito.

2. Habilidades de comunicação: a comunicação eficaz é essencial para a negociação.

Isso inclui a capacidade de se expressar claramente e de ouvir atentamente o que a outra parte tem a dizer. Em muitos casos, a negociação envolve mais ouvir do que argumentar, pois isso ajuda a estabelecer confiança e entender as necessidades e interesses da outra pessoa.

É preciso saber fazer perguntas abertas e fechadas e ter o poder de articular sua posição de maneira clara e persuasiva. Isso envolve em escolher as palavras certas e usar a linguagem corporal apropriada para transmitir confiança e credibilidade.

3. Habilidades analíticas: entender o que está em jogo e identificar oportunidades e riscos em uma negociação.

É preciso ser capaz de analisar a situação, avaliar as opções e identificar pontos fortes e fracos. A capacidade de tomar decisões rapidamente e improvisar com confiança é fundamental. Não considerar apenas suas próprias necessidades e objetivos, mas também entender as necessidades e objetivos da outra parte. É preciso encontrar um equilíbrio que atenda os envolvidos, por isso, mostrar alternativas que sejam benéficas para ambas as partes é uma habilidade importante. Para desenvolver habilidades analíticas, é preciso estar preparado para pesquisar e coletar informações sobre a outra parte, entender o contexto da negociação e suas possíveis implicações. A capacidade de analisar e interpretar informações também é importante para avaliar opções e tomar decisões informadas.

4. Habilidades de liderança: Conseguir tomar a iniciativa e liderar a negociação.

A capacidade de inspirar confiança e de ser um bom ouvinte também é importante em uma negociação. Isso inclui poder assumir riscos e lidar com as situações desafiadoras.

Um líder eficaz também é um bom ouvinte e consegue inspirar confiança em outras pessoas. Na negociação, isso significa conseguir entender as necessidades e objetivos da outra parte e trabalhar em conjunto para alcançar um acordo mutuamente benéfico. Além disso, um bom líder tem o poder de manter a calma e compostura em situações de pressão e de apresentar soluções criativas e inovadoras para resolver problemas. Uma negociação pode ser estressante e emocionalmente desafiadora, mas é importante manter a calma e a clareza durante todo o processo. Mantenha o foco nos interesses e objetivos da negociação. Seja claro e objetivo em suas demandas e argumentos.

A prática da liderança pode ser adquirida mediante treinamentos, leituras, estudos de caso e, principalmente, através da experiência adquirida na prática.

Identificando seus pontos fortes e fracos

Agora que você sabe quais são as habilidades necessárias para a negociação eficaz, é hora de identificar seus próprios pontos fortes e fracos, crucial no desenvolvimento da habilidade de negociar. Uma autoanálise honesta de suas habilidades interpessoais, habilidades de comunicação, habilidades analíticas e habilidades de liderança. Para colocar em prática, volte em cada item acima e encontre os 3 pontos mais fortes e os 3 pontos nos quais você precisa se aprimorar. E peça feedback também para 5 pessoas próximas, irá te auxiliar a definir seus pontos fortes e fracos.

Pontos Fracos: O caminho para melhorá-los é estudar e colocar em prática, esteja disposto a aprender e se esforçar para melhorar.

Pontos Fortes: Reconhecer suas habilidades e utilizá-las a seu favor. Irá te ajudar não apenas na negociação como também a aumentar sua autoestima e confiança.

Após ter feito isso e antes de iniciar uma negociação, é importante que você conheça o seu poder de barganha. Isso significa entender quais são os pontos fortes e fracos da outra parte, para que você possa usar essa informação a seu favor durante a negociação.

Esteja preparado para ceder: Em algumas negociações, é necessário estar disposto a ceder em certos pontos para alcançar um acordo satisfatório. É importante definir quais são os limites e prioridades antes de iniciar a negociação e estar preparado para renunciar a algumas demandas em troca de benefícios mútuos.

Crie sempre um clima favorável para facilitar a comunicação e a construção de soluções. Uma atmosfera de confiança, respeito e cooperação é fundamental para que ambas as partes se sintam confortáveis e seguras durante o processo.

Pesquise informações relevantes sobre a empresa, o produto ou serviço em questão e as tendências de mercado para estar mais bem informado durante a negociação.

Crie opções para ambas as partes, um dos maiores erros que as pessoas cometem na negociação é pensar apenas em si mesmas e em seus próprios interesses. Isso pode fazer com que a outra parte sinta que está sendo prejudicada e, consequentemente, dificultar o acordo. Portanto, é importante pensar em opções que beneficiem e estejam alinhadas para ambos.

Imagine que você é um vendedor negociando com um cliente potencial. Em vez de apenas tentar convencer o cliente a comprar o seu produto ou serviço, tente entender as necessidades e desafios específicos dele e com base nisso, apresente soluções personalizadas que atendam as necessidades desse cliente, e, ao mesmo tempo, sejam benéficas para sua empresa. Isso mostrará que você está disposto a trabalhar em conjunto com o cliente para encontrar uma solução que atenda aos objetivos mútuos, em vez de apenas se concentrar em fazer uma venda rápida.

Conclusão

A habilidade de negociação é uma habilidade essencial na vida pessoal e profissional. Dominar as técnicas de negociação pode ajudá-lo a alcançar seus objetivos, resolver conflitos e alcançar acordos que beneficiem ambas as partes. Lembre-se de estar preparado, ouvir ativamente, criar opções para os dois lados, fazer perguntas abertas, manter a calma e o foco e estar preparado para improvisar com confiança.

Para isso, é preciso estar pronto e ter uma estratégia clara antes de iniciar uma negociação. É fundamental conhecer bem o produto ou serviço em questão, entender o perfil da outra parte e ter habilidades de comunicação e persuasão. Além disso, é preciso saber lidar com conflitos e buscar sempre soluções criativas que atendam às necessidades mútua envolvidas.

Portanto, se você deseja se tornar um negociador de sucesso, invista na sua capacitação e desenvolvimento constante. Esteja sempre atento às suas próprias habilidades e fraquezas, bem como ao ambiente externo onde as negociações ocorrem.

Espero ter deixado aqui, de forma resumida e clara, como desenvolvi minha habilidade de negociar. Com dedicação e prática, você poderá se tornar um excelente negociador e alcançar seus objetivos com mais eficácia e eficiência.

"

Se você quer negociar com uma pessoa, escute-a atentamente, observe seu comportamento, entre em conexão e encante-a com a solução para o seu negócio.

Fernanda Jabur

"

Gracielle Santos

Gracielle Santos, advogada, pós-graduada em Direito Civil Aplicado, com MBA em Marketing e Vendas e atuação empresarial ligada a projetos de tecnologia e inovação.

Sou CEO de uma *startup* de tecnologia em *growth stage* que visa mudar radicalmente a forma como os advogados se relacionam com o mercado jurídico. Sócia de várias marcas de sucesso como Clam Advogados, Registros Já, 123JUS, Bagbeer, Bagwine, Acelera G2B, Maneco Burguer e outras. Tenho liderado iniciativas para fomentar o empreendedorismo e intercâmbio de ideias.

Palestrante, apaixonada por tecnologia e inovação, meu objetivo é ajudar empreendedores a atingirem a alta performance em seus negócios.

gracielle.santoss

graci.acelera@gmail.com

Gracielle Santos

www.gracisantos.com.br

17 UTILIZANDO TECNOLOGIA PARA IMPULSIONAR SEU NEGÓCIO

Por Gracielle Santos

Afinal, o que é tecnologia?

O ano era 1998, eu tinha 12 anos e cursava a 7ª série. Parecia mais um dia comum, mas naquela noite meu pai chegou com uma grande surpresa: me deu de presente o celular Nokia 5120. Já tinha ouvido falar sobre celulares sem fio na televisão, mas não conhecia ninguém que tivesse um. Foi uma novidade, lembro que causou tanta curiosidade na escola que, após algumas semanas, fui proibida de levar o celular para as aulas. Todos queriam ver e experimentar meu celular, exceto meu avô que ficava olhando com uma expressão incrédula, de quem duvidava que fazer uma ligação sem nenhum fio era possível.

Embora hoje eu saiba que a tecnologia já faz parte da vida do homem desde o período paleolítico, quando foi descoberto o fogo, confesso que ter nas minhas mãos o Nokia 5120 me pareceu o grande marco inicial para o uso da tecnologia em minha vida. Acreditar que a tecnologia surgiu apenas nas últimas décadas ou que é algo muito complexo, restrito apenas aos gênios da programação, é quase que uma crença comum, mas isso não é verdade!

O que vem à cabeça quando você pensa na palavra "tecnologia"?! Celulares, personalidades como Bil Gates, robôs, inteligência artificial, filmes sobre o futuro ou laboratórios hiper equipados? Sim, tudo isso se conecta com o tema, mas, o mais importante é saber que tecnologia já faz parte da sua vida o tempo todo, o grande desafio é saber como buscar novidades e usá-las a seu favor. Acredito que pela manhã dificilmente encontraremos alguém batendo duas pedras para criar o fogo e preparar o café, usamos a tecnologia do fósforo, do fogo, da indução e outras disponíveis, fazemos isso porque é mais fácil! Isso é tecnologia, algo que deixa as atividades e a vida humana mais fáceis!

A raiz etimológica da palavra tecnologia tem origem em um termo grego "*tekhne*", que significa "arte, técnica, ofício", já o sufixo "logia", significa "estudo". Em termos resumidos, tecnologia seria então o estudo do ofício ou estudo da técnica. Para ficar mais fácil a compreensão, costumo dizer que poderíamos trocar a palavra tecnologia por "atalho", ou seja, um caminho secundário para algo que te leva a alcançar o objetivo de forma mais rápida. Se pensarmos em tecnologia como atalho e não como algo mirabolante e inacessível, talvez possamos perceber que já a usamos o tempo todo e podemos buscar usar cada vez mais, e trataremos mais disso ao longo deste capítulo.

Tudo é possível, mas nem tudo é para agora!

Na minha primeira reunião com programadores sobre o desenvolvimento do aplicativo que eu estava contratando para minha empresa, me senti completamente confusa. Lembro de balançar a cabeça e concordar, simplesmente porque não entendia quase nada do que aquelas pessoas estavam dizendo. O tempo todo elas falavam em *backend, frontend*, API, sprint, discutiam e me perguntavam se eu preferia Java Script ou React. Eu acenava e concordava, por receio de discordar e dizer alguma bobagem. O resultado foi que pagamos caro por um aplicativo e recebemos um produto completamente inutilizável e fora das expectativas.

Mas afinal, se a tecnologia é algo que já é parte do nosso cotidiano, por que é tão difícil muitas vezes aplicá-la em nossos negócios?! É preciso aprender a aprender! Este capítulo não irá disponibilizar uma lista de ferramentas que você poderá utilizar no seu negócio, afinal, em pouco tempo poderão estar desatualizadas ou já tenham sido substituídas por outras melhores. O objetivo aqui é te ajudar a ter uma mentalidade de inovação e poder aprender a usar tecnologia a favor do seu negócio.

Depois do primeiro projeto de tecnologia fracassado, resolvi tentar mais uma vez! Contratei outra empresa para criar nosso aplicativo, dessa vez eu já sabia alguns termos, sabia o que queria e podia participar de uma reunião não apenas como espectadora, mas como alguém que entendia o que buscava. O resultado depois de um ano, foi que novamente o projeto não tinha dado certo, erro de expectativa, eu queria algo que sempre sonhei e eles não tinham capacidade técnica para executar.

Foi então que entendi que em tecnologia tudo é possível, mas nem tudo é possível para minha empresa! Todas as empresas têm limitações, até as grandes e bilionárias corporações, projetos são divididos em fases, recursos são aplicados e prioridades estabelecidas, tive que ter dois projetos fracassados para aprender isso.

Então resolvi tentar pela terceira vez, dessa vez peguei toda a minha grande e boa ideia e reparti em várias pequenas, tive que escolher o que podia ser feito, o que não podia e o que seria deixado para depois. Contratei uma empresa para fazer parte do projeto, outra parte resolvi fazer internamente, contratando funcionários fixos. Isso me ajudou a participar de todo o processo e não comprar um projeto de tecnologia como quem vai na padaria. Me apaixonei tanto que busquei conhecer cada vez mais sobre o tema, participar de eventos nacionais e internacionais, estudar e hoje dou cursos e aulas sobre como gerenciar um projeto de tecnologia.

Mas como a menina que ficou deslumbrada diante de um Nokia 5120 poderia vir a ser CEO de uma *startup* de tecnologia e dar cursos sobre o tema? Simples, me propus a ter uma mentalidade de inovação.

É preciso ter uma mentalidade de inovação!

O filósofo Descartes nos ensinou, dentre outras coisas, algo muito importante: duvidar! Quando eu era criança, na estante da casa do meu avô havia uma coleção inteira de livros, e era comum em quase todas as casas ter livros de várias temáticas como ciência, história, direito e o que eu mais gostava era o de filosofia. Ler aquelas páginas formaram o ser humano que sou hoje, pensar, refletir e duvidar fazem parte da minha personalidade e considero isso essencial para buscarmos o crescimento dos nossos negócios.

Para aprendermos a usar tecnologia a favor das nossas empresas, precisamos aprender a duvidar de forma constante e sistemática. Uma mentalidade de inovação consiste em se perguntar antes de cada ação se o que será executado pode ser feito de uma forma mais rápida e/ou melhor. A capacidade de gerar resultados não é um dom, mas sim um hábito! Essa reflexão simples nos levará a buscar novas soluções. Só encontraremos tecnologias para uso nos nossos negócios se formos em busca delas.

Se você precisa fazer um cálculo matemático, provavelmente poderá usar sua mente, lápis e papel, calculadora ou mesmo o Excel. Qual deles vai te dar uma melhor performance?! Isso vai depender da complexidade do cálculo, afinal, quem ligaria o computador e acessaria o Excel para somar dois mais dois?! Veja que o tempo todo estamos ponderando qual a melhor ferramenta para cada situação, se fazemos intuitivamente para coisas simples como um cálculo matemático, podemos aprender a fazer também para coisas complexas, como escolher a melhor forma de armazenaremos dos dados da nossa empresa.

Busque atalhos, use tecnologia!

No fim do ano de 2022, dei uma palestra e em todas as minhas palestras gosto sempre de mencionar novas tecnologias para tentar desmistificar essa ideia de que tecnologia é algo complexo. Ao falar sobre *big data, internet das coisas e inteligência artificial*, notei que boa parte da plateia fazia uma expressão de desconexão. É comum, em apresentações, fazermos leituras quase que intuitivas das expressões para ver se o conteúdo está sendo absorvido ou se as pessoas estão desconectadas do que está sendo dito. Foi então que pedi para que quem soubesse o que era big data, internet das coisas e inteligência artificial levantasse a mão e me surpreendi ao ver que menos de 10 pessoas se manifestaram. Desde então, passei a me comunicar de forma diferente. Me lembrei de como me senti isolada e desconfortável na minha primeira reunião com programadores por não entender o que eles falavam e me comprometi que, dali por diante, iria falar sobre tecnologia de forma simples, que todos pudessem entender e quem sabe eu motivaria mais pessoas a terem o pensamento de inovação.

Imagine uma pessoa que consuma dois ovos todos os dias pela manhã; ao final da semana, ela provavelmente terá comido 14 ovos. Agora, pense se a geladeira dessa pessoa armazenasse essas informações e começasse a salvar em um banco de dados todas as vezes que essa pessoa pegasse os ovos. Essa geladeira também armazenaria os dados de quantos ovos teriam disponíveis e quando o banco de dados tivesse a informação de que havia apenas 2 ovos na geladeira, ela mandaria um comando para o aplicativo de compras de alimentos do dono da casa para que entregasse mais ovos na residência. Seria incrível ter uma geladeira dessas, não é verdade?

Agora, você já sabe que **big data**, em termos gerais, são dados coletados e armazenados organizadamente, **inteligência artificial** é um programa que toma a decisão de comprar mais ovos por conta própria, apenas se baseando em dados recebidos e **internet das coisas** nada mais é do que a geladeira conectada à internet.

Já imaginou a primeira empresa de vendas que começou a usar ferramentas para respostas mais rápidas por WhatsApp, que permitem que várias pessoas usem o mesmo número, ao mesmo tempo, e com ferramentas de modelo de resposta ou *chatbot?* Podemos concluir que essa empresa provavelmente passou a vender mais e de forma mais rápida do que suas concorrentes que ainda usavam o whatsapp apenas com um funcionário para responder de forma manual cada pergunta ou contato feito.

Usar tecnologia no seu negócio pode te ajudar na automação de processos, melhoria de eficiência, redução de custos, acesso a informações, análise de dados e a aceleração dos seus resultados. Ao aplicar a mentalidade de inovação constantemente, pode ser que em pouco tempo você já esteja usando ferramentas que o mercado ou seus concorrentes nem imaginavam que existam, aí você terá o que chamamos de vantagem competitiva e é nesse momento que sua empresa se destacará.

> "A capacidade de gerar resultados não é um dom, mas, sim, um hábito!"
>
> Gracielle Santos

Guilherme Carvalho

Sou ex-funcionário público e com 23 anos de idade pedi as contas do Banco do Brasil para empreender.

Me arrisquei no mercado financeiro trabalhando como assessor, mas minha formação e grande paixão sempre foi Marketing. Em 2014, fiz o meu primeiro curso de Marketing Digital e não parei mais. Criei minha primeira agência em 2015, quebrei e me reergui com a força das conexões.

Hoje, além de trabalhar com marketing digital, em 2017 criei o Movimento Empreendedor, um ecossistema que conecta empresários e gera oportunidades de negócios.

Foram mais de 300 eventos realizados em 5 estados diferentes, quase 3 milhões de reais em negócios gerados.

guicarvalhomkt

+55 (13) 98159-8111

18 TRANSFORME O NETWORKING NO SEU MAIOR ATIVO

Por Guilherme Carvalho

Eu sempre fui considerado uma pessoa rebelde. Desde pequeno, queria saber o porquê das coisas, contestava verdades e seguir padrões nunca foi meu forte. Montei meu primeiro "negócio" aos 7 anos. Ganhei um estojo de canetas em gel coloridas que meus colegas de classe passaram a me pedir emprestadas. Identifiquei ali uma oportunidade e comecei a alugar as canetas, tudo para ter dinheiro para comprar um lanche na cantina. Quando apareci em casa com o dinheiro proveniente desse empreendimento, minha mãe mandou eu devolver tudo e parar com aquilo. Talvez ela entendesse que eu estava tirando vantagem daquela situação. Hoje eu sei que eu só identifiquei uma oportunidade e comecei a empreender por instinto.

Apesar do revés, esse padrão de comportamento sempre me acompanhou. Tudo que eu fazia, pensava em transformar em negócio. Quando desenhava, queria ter uma editora; quando tocava violão, queria escrever minhas músicas, fazer shows e vender discos; quando ganhei meu primeiro computador, queria fazer *sites*. Foi esse perfil que fez com que eu pedisse as contas do Banco do Brasil. Apesar do bom salário, dos benefícios e da estabilidade do emprego público, existia uma incompatibilidade de valores entre o que eu tinha que fazer e o que eu acreditava. E foi então que decidi abandonar o sonho de milhões de brasileiros para empreender.

A virada de chave

Apesar da vontade e energia que tinha, eu não estava preparado para ter um negócio. Não sabia por onde começar e não havia nenhuma referência por perto. Em 2010, o acesso a conteúdos ainda não era tão fácil e rico. Sempre senti falta de ter com quem eu pudesse conversar e receber dicas e conselhos sobre quais caminhos seguir. O ambiente não me favorecia. Por conta disso, fiquei estagnado trabalhando no mercado financeiro por quatro anos que me ensinaram muito, mas que não me fizeram avançar, até que finalmente abri minha primeira agência. O primeiro ano foi muito difícil, com quase nenhum cliente e minhas reservas financeiras esgotando. Cheguei ao fundo do poço pela primeira vez.

Foi então que uma grande oportunidade apareceu e o jogo virou. Mesmo não atendendo ao perfil, recebi o convite para participar de um grupo de *networking*. Eu não tinha CNPJ, clientes, escritório, nada. Só uma conta no Instagram e a minha vontade. Esse convite só aconteceu por conta do bom relacionamento que eu tinha com as pessoas certas. Estar naquele ambiente, com empresários experientes, com visões de mundo diferentes e a possibilidade de me expor, me proporcionaram um aprendizado sem precedentes, além de todas as oportunidades e negócios gerados. Em pouco tempo, eu já estava com empresa formalizada, montando escritório e contratando. Assim, entendi o poder das conexões.

Em um determinado momento, senti que precisava criar algo que pudesse dar a mesma oportunidade que tive para mais pessoas e assim nasceu o Movimento Empreendedor. Tudo começou com um evento para clientes, amigos e parceiros, onde realizei uma palestra sobre Marketing Digital e organizei uma rodada de negócios. O sucesso foi tão grande que esses encontros passaram a ser recorrentes. A evolução natural do Movimento Empreendedor gerou a criação do Clubes de Negócios, um grupo exclusivo de empresários que nasceu com o objetivo de criar um ambiente de troca de experiências e gerar oportunidades de negócios. Desde então, foram mais de 300 eventos promovidos, milhares de empreendedores impactados e mais de 3 milhões de reais em negócios gerados registrados pelos membros.

Enquanto organizava os eventos, passei pelo maior desafio da minha jornada. Por decisões pessoais imaturas, acabei contraindo uma dívida e pouco tempo depois desfiz a sociedade na agência, quando havia acabado de investir para montar um novo escritório. O resultado foi uma dívida de vinte vezes o valor do meu pró-labore. Além do impacto financeiro, comecei a questionar minhas capacidades. Foi então que, mais uma vez, pude contar com um ativo valiosíssimo: minhas conexões. As pessoas que participavam dos eventos e que eu vinha ajudando direta ou indiretamente foram fundamentais para que eu conseguisse me reerguer muito rapidamente. Toda a minha disponibilidade e contribuição foram retribuídas de alguma forma quando eu mais precisei.

Ativo é tudo aquilo que gera dividendos e a seguir, eu listo para você alguns dos ativos que o *networking* proporciona:

Acessos - Conhecer as pessoas certas te dá acesso a ambientes e lugares que você não chegaria sozinho ou levaria muito mais tempo para chegar.

Oportunidades - Quanto maior for a sua rede de contatos, maiores as chances de receber uma indicação, um convite único ou conquistar um cliente importante.

Negócios - Se você estiver preparado para as oportunidades que aparecem, você com certeza fechará mais negócios.

Repertório - Quanto mais pessoas com pensamentos e experiências diferentes você conhece e conversa, mais você aprende sobre diferentes pontos de vista.

Criatividade - Quanto mais repertório você tem, mais criativo você fica.

Dinheiro - Todos os itens anteriores são facilitadores para você ganhar mais dinheiro.

Como todo ativo, o networking não é construído do dia para a noite.

A fórmula do networking

Para entender o que é networking podemos utilizar a própria palavra e separá-la em três partes: NET-WORK-ING. Na tradução, temos as palavras rede e trabalho, e o "ing" que vem do *present continuous*, ou seja, network**ing** é trabalhar a sua rede (de contatos) de maneira constante. Olhando dessa perspectiva, fica fácil entender porque participar de um evento com a mentalidade de encontrar clientes não é networking. É captação ativa. Mas eu costumo utilizar uma definição ainda mais simples.

Networking é sobre criar conexões de valor.

Na prática, como fazer isso? Afinal, não é sobre quantas pessoas você conhece, mas quantas conexões de valor você tem. Fruto da minha observação e vivência, cheguei em uma fórmula que vai te ajudar a construir suas conexões de valor. Sugiro colocá-la em um *post-it*, em um lugar bem visível para que você veja todos os dias até que isso esteja incorporado no seu inconsciente.

Conexão de valor é o produto de 4 fatores: interesses em comum, convivência, valor agregado e tempo.

1. Interesses em comum

Esse é o primeiro passo. Sem existir um interesse em comum, dificilmente você terá uma conexão de valor. Costumo usar como exemplo em minhas palestras as turmas da escola, que se dividem em interesses em comum. Temos os mais estudiosos, a turma do fundão, os populares e assim por diante. Por isso, é importante estarmos nos lugares certos e ouvir as pessoas para identificar os pontos em comum. Se você estiver com a mentalidade da captação, já irá falhar no início, pois vai falar mais do que ouvir.

2. Convivência

Para e pense: de onde você conhece seus amigos mais próximos? Provavelmente, são da época da escola, faculdade, trabalho, vizinhos, familiares, do clube. São os lugares onde convivemos com essas pessoas. A convivência tem papel fundamental na construção de uma conexão de valor. É a convivência que fortalece o vínculo. Conviver com pessoas com os mesmos interesses que os nossos favorece o próximo fator da nossa fórmula.

3. Valor agregado

Conviver com pessoas que tenham os mesmos valores e interesses que os nossos não garante uma conexão de valor. Para isso acontecer, precisa haver uma troca de valor. Este é o fator mais importante: você precisa gerar valor para as pessoas. Você pode fazer isso de diversas formas: compartilhando conhecimento, oferecendo acesso, fazendo indicações, conectando pessoas. Tenha em mente que agregar valor não se limita a relações comerciais, as relações afetivas também são importantes. Um sorriso, um gesto educado, palavras de conforto e incentivo, ser um bom ouvinte. Gere valor às pessoas sem esperar nada em troca. Você vai deixar muitas portas abertas e pessoas gratas estarão dispostas a te ajudar quando você mais precisar.

4. Tempo

Você já fez uma viagem de sete a quinze dias em que conheceu outras pessoas e parecia que tinha descoberto novos melhores amigos, mas que, depois de um tempo, nem lembrava mais o nome delas? Sabe por que isso aconteceu? Porque vocês tinham a viagem como interesse em comum, conviveram durante aqueles dias e houve muito valor agregado naquele período. Porém, o tempo foi muito curto e vocês não tiveram mais tanto contato e a conexão se perdeu. Essa é a importância do fator tempo e isso também explica porque quando reencontramos grandes amigos do passado parece que nem faz tanto tempo assim que não os vemos. O tempo foi fator fundamental para construir uma conexão tão valorosa, que nem mesmo a falta da convivência conseguiu desfazer.

E assim, chegamos à nossa fórmula:

Conexões de valor = Interesses em comum x convivência x valor agregado^2 *x tempo.*

A fórmula é uma multiplicação e não uma soma, pois se qualquer um dos fatores for igual a zero, não existe conexão de valor. Assim como o valor agregado tem um peso maior, pois existem casos que o valor que você gerou para uma pessoa é tão grande, que mesmo sem tempo e convivência, a gratidão que essa pessoa tem por você será suficiente para compensar.

Uma nova visão

Quero finalizar trazendo para você algumas reflexões importantes. Seja o mais honesto possível com suas respostas.

O que você tem feito para cultivar as suas conexões? Você está frequentando os lugares certos e convivendo com pessoas com os mesmos interesses que os seus? Quanto tempo você está dedicando para gerar valor a essas pessoas? Qual a imagem pessoal que você está construindo e a mensagem que você está passando ao mundo?

Lembre-se: *Networking é sobre pessoas, não é sobre negócios.*

Se eu consegui gerar algum valor para você com minhas palavras, então cumpri minha missão. Se quiser retribuir, me envie uma mensagem e compartilhe comigo qual foi o grande *insight* que você teve e o que você vai fazer a respeito disso. Será um prazer me conectar com você.

"Quanto mais conexões de valor você cria, mais sorte você tem."

Guilherme Carvalho

Heloá Pestana

Sou Heloá Pestana, tenho 21 anos, especialista em posicionamento de marcas no Pinterest, com formações em Administração e Marketing, ambas em fase de conclusão.

Iniciei como influenciadora digital em 2020, mas logo percebi minha paixão por empreender e o quanto eu poderia contribuir compartilhando os meus conhecimentos. Então, decidi criar conteúdos no Instagram e, em seguida, explorei todo o potencial do Pinterest. Foi uma virada de chave para mim. Comecei a estudar e me especializar nessa área e, desde então, venho ajudando muitas marcas a crescerem online por meio de estratégias que vão além de apenas um canal de comunicação.

helopestanaa

helopestanaa

19 POSICIONAMENTO E BRANDING PARA EMPREENDEDORES

Por Heloá Pestana

Você já se perguntou por que algumas marcas parecem ter um sucesso imediato enquanto outras lutam para se estabelecer no mercado? Quando comecei a trabalhar no ambiente digital, me deparei com essa questão diversas vezes. Na verdade, só depois de passar por problemas como falta de autoridade, imagem pouco definida e dificuldade em atrair clientes, que percebi o quanto o posicionamento e o *branding* são essenciais para qualquer negócio que deseja se destacar no mercado.

No início da minha jornada, eu não tinha clareza sobre a minha marca e nem sobre qual era o meu posicionamento, o que acabou impedindo que eu alcançasse os objetivos que havia traçado. Além disso, cometi erros que me impediram de transmitir autoridade para minha audiência, como a constante troca de identidade visual, a criação de conteúdo sem uma estratégia bem definida, a falta de cuidado com minha imagem pessoal e a ausência de uma linguagem adequada para o meu público. Esses erros geraram uma confusão na cabeça dos meus possíveis clientes, dificultando a fidelização deles e, consequentemente, a conversão em clientes reais.

Uma marca sem uma identidade clara é como um navio sem bússola: perdido em meio ao mar da concorrência, sem direção e sem destino definido. O que eu quero dizer é que sem uma estratégia clara sobre posicionamento e *branding*, sua marca pode parecer confusa, sem foco e sem direcionamento, prejudicando seriamente suas vendas e o crescimento da sua empresa. Você também pode ter dificuldades em identificar seu público-alvo e de compreender quais são suas necessidades. E se o seu *branding* não estiver bem definido, sua marca pode parecer genérica e pouco memorável, o que dificultará a fidelização do cliente e a construção de um relacionamento duradouro com ele.

O posicionamento é o lugar que a sua marca ocupa na mente das pessoas, enquanto o *branding* é como você gerencia a sua marca em termos de identidade visual, valores, missão e comunicação. Com base nas minhas experiências, acredito que uma estratégia eficaz de posicionamento e *branding* é encontrar um equilíbrio entre entender as necessidades do seu público e estar atento às tendências e concorrentes do mercado. Isso significa que é importante ter uma abordagem estratégica para o seu negócio, mas também se importar com as pessoas que serão impactadas pela sua marca.

Ao longo deste capítulo, você terá acesso a informações valiosas e estratégias comprovadas que utilizei em meu próprio negócio, para que você possa implementá-las e posicionar sua marca de forma mais eficaz no mercado. Afinal, as estratégias é a chave para alcançar o sucesso, e eu sei disso porque tive que implementar uma série de estratégias que me permitiram não só criar uma marca forte, mas também atrair e fidelizar clientes e foi graças a essas ações que consegui estabelecer minha autoridade no mercado.

Para começar, é fundamental compreender que o posicionamento e o *branding* estão interligados. Isso acontece porque a forma como a empresa se posiciona no mercado deve estar alinhada com sua identidade visual, valores, missão e propósito, que são os componentes vitais do *branding*. Quando uma empresa consegue estabelecer um posicionamento claro e consistente com sua identidade de marca, ela consegue se destacar em um mercado altamente competitivo e se conectar com seus clientes de maneira mais efetiva. A seguir, vou compartilhar as estratégias específicas que usei para superar meus desafios e como você pode aplicá-las em seu próprio negócio para alcançar o sucesso que deseja.

A primeira estratégia que utilizei no meu processo de construção de posicionamento e branding foi a definição da missão, visão e valores de marca. A missão é o propósito central que me inspira a criar os meus infoprodutos e serviços, sempre atendendo às necessidades dos meus clientes. Ela é um norte que me ajuda a manter o foco no que é mais importante para o meu público-alvo e para a minha marca e assim direcionar as minhas ações de forma mais estratégica e eficiente. Já a visão representa o meu sonho de futuro para o meu negócio, a imagem que quero construir na mente dos meus clientes e do mercado. E os valores são os princípios que norteiam o meu trabalho, como: ética, qualidade e inovação. A definição da missão, visão e valores foi fundamental para estabelecer uma direção estratégica, criar um senso de propósito, identidade e definir a forma como me relaciono com o mercado e com os clientes.

A segunda estratégia que eu apliquei foi a identificação do meu público-alvo. Esse foi um passo muito importante para que eu pudesse direcionar as minhas estratégias de marketing e comunicação de maneira mais assertiva. Então a primeira coisa que fiz foi pesquisar sobre o mercado em que atuo e os consumidores que poderiam se interessar pelos meus infoprodutos e serviços. Utilizei ferramentas de pesquisa de mercado, como questionários com potenciais clientes, além de analisar os dados que já possuía sobre o meu público atual. Com essas informações, pude traçar um perfil mais detalhado do meu público-alvo e criar estratégias de comunicação mais direcionadas e efetivas. Para quem também está em busca de identificar o seu público-alvo, eu sugiro que faça uma análise dos clientes que já possui, busque informações em fontes externas e esteja sempre atento às mudanças no comportamento do consumidor. Assim, você terá um conhecimento mais preciso sobre quem é o seu público e poderá se comunicar de maneira mais eficiente com ele.

Outra estratégia que utilizei foi estudar meus concorrentes e definir a minha proposta de valor. Essa etapa foi fundamental para me destacar no mercado e mostrar aos meus clientes por que eles deveriam escolher os meus infoprodutos e serviços em vez dos oferecidos por outra pessoa. Para estudar meus concorrentes, comecei fazendo uma pesquisa detalhada sobre as marcas pessoais que atuam no mesmo segmento que a minha. Analisei os seus produtos e serviços, os preços, canais de comunicação e posicionamento de mercado.

Com essas informações, pude identificar as oportunidades e ameaças que poderiam afetar o meu negócio. Em seguida, foquei em definir a minha proposta de valor, que é o que me diferencia dos meus concorrentes e mostra aos clientes por que eles devem escolher a minha marca. Para isso, avaliei quais são as necessidades do meu público-alvo e como a minha marca pode atendê-las de maneira única. Defini os benefícios que os clientes podem esperar ao adquirir meus infoprodutos e serviços, como a qualidade, suporte ao cliente, praticidade e garantia.

A quarta estratégia que apliquei foi a definição da minha comunicação verbal e não-verbal. Depois de ter identificado meu público-alvo e definido minha proposta de valor, foi essencial que eu criasse uma identidade de marca coesa e consistente. Para isso, defini o tom de voz que usaria em todas as minhas comunicações, seja por meio de textos escritos ou vídeos. Esse tom de voz é a forma como eu me comunico com meu público e reflete a personalidade da minha marca, transmitindo a mensagem que desejo passar.

Além disso, defini também toda a comunicação visual da minha marca, como as cores, fontes, logotipo e outros elementos visuais. Tudo isso foi pensado para transmitir a identidade da minha marca e ser facilmente reconhecida pelo meu público-alvo. Por fim, criei um manual de marca que contém todas as informações sobre a minha identidade visual e verbal, garantindo que toda a comunicação da minha marca seja consistente e alinhada com a proposta de valor que quero transmitir. Para quem também está construindo sua marca, sugiro que faça uma análise da sua personalidade e valores, e use isso como base para definir sua comunicação verbal e visual.

A última estratégia que utilizei em meu processo de branding foi o posicionamento em multicanais, algo que eu já praticava antes, mas senti a necessidade de refinar. Como especialista em Pinterest, sempre soube da importância de estar presente em mais de uma plataforma para aumentar a visibilidade do meu negócio, fortalecer a minha presença online e impulsionar as minhas vendas. Mas refinar essa estratégia foi uma parte crucial do meu processo, por isso, quero reforçar a importância de não se limitar a um único canal de comunicação. Estar presente em vários canais permite atingir mais clientes e obter melhores resultados. Não deixe de investir em uma presença sólida e diversificada na internet.

O sucesso de um negócio não é alcançado apenas por meio de uma única estratégia, mas sim, por uma combinação de ações estratégicas e consistentes ao longo do tempo. Então, para ter sucesso no mundo dos negócios, é preciso estar disposto a se adaptar e a evoluir constantemente, sempre buscando aprimorar suas estratégias e se manter atualizado em relação às mudanças e tendências do mercado. Mas, acima de tudo, eu acredito que o grande segredo mesmo, é ser autêntica e verdadeira consigo mesma e com os seus clientes. A construção de uma marca forte e duradoura depende de uma comunicação clara, consistente e autêntica, que transmita os valores e a personalidade do seu negócio de forma clara e transparente.

Por fim, gostaria de te encorajar a aplicar as estratégias que eu compartilhei com você neste capítulo e para te ajudar nesse processo, quero te convidar a acessar um material exclusivo que preparei para você. Com ele, você conseguirá implementar todas as estratégias que foram compartilhadas neste capítulo. Tenho certeza de que, se você as colocar em prática, verá uma diferença enorme no seu negócio e alcançará os resultados que deseja. Então, não perca mais tempo e comece a aplicá-las agora mesmo. Para acessar o material, basta apontar a câmera do seu celular para o QR Code abaixo e aproveitar ao máximo esse conteúdo.

"Uma marca sem uma identidade clara é como um navio sem bússola: perdido em meio ao mar da concorrência, sem direção e sem destino definido"

Heloá Pestana

Ialy Nogueira

Meu nome é Ialy Nogueira, nasci em Aracaju/SE, sou casada com Alexandro Ribeiro e mãe da Letícia, que herdou nosso espírito empreendedor. Tenho formação em Fisioterapia pela Universidade de Caxias do Sul/RS e especialização em Aprendizagem Motora, pela USP/SP.

Ser diferente, sonhadora e visionária foi o que me levou a empreender na área do esporte, ao lado do meu esposo, ex-jogador de futsal. Ao descobrir meu propósito, deixei de atuar como fisioterapeuta para me dedicar a transformar vidas, através da Mentoria Transformação, treinando pessoas nas áreas de inteligência emocional, liderança nos negócios e influência.

ialy_nogueira

ialy.nogueira7@gmail.com

+55 (79) 99933-5627

20 EMPREENDER COM PROPÓSITO

Por Ialy Nogueira

O empreendedorismo sempre fez parte da minha vida, pois nasci e cresci em um ambiente de negócios. Meus pais tinham uma empresa de representações e, quando adolescente, cheguei a trabalhar nessa empresa, auxiliando na área de informática e marketing. Isso despertou meu espírito de liderança e me tornou uma pessoa mais comunicativa e mais criativa, que buscava sempre o diferente. Entretanto, mesmo tendo crescido naquele ambiente empreendedor, eu não conseguia enxergar ali o empreendedorismo e suas múltiplas possibilidades, nem tampouco tive a percepção de que meu propósito estava ali, bem perto de mim. Desse modo, acabei seguindo outra profissão.

Somente quando comecei a empreender ao lado do meu esposo, no projeto da escolinha de futsal, em Aracaju/SE, no ano de 2013, foi que descobri que possuía habilidade para resolver problemas e isso ajudou, mais tarde, a me tornar uma empreendedora de sucesso.

Um dos problemas mais comuns dentro da área do empreendedorismo, é o fato de que as pessoas não se conhecem bem por dentro e isso acaba gerando muitos conflitos dentro de uma empresa. Afinal, para se ter um negócio, não bastam apenas os conhecimentos técnicos; é preciso, sobretudo, autoconhecimento. Com base nessa descoberta, decidi que para alcançar isso, seria necessário começar a ler livros sobre desenvolvimento pessoal.

Nessa jornada apaixonante através da leitura, minha sede de conhecimento foi aumentando cada vez mais e uma grande mudança começou a acontecer dentro de mim. Fui aprendendo novas formas de resolver meus problemas, pois antes de querer ajudar os outros, eu precisava aprender a lidar comigo mesma, ter a coragem de mudar determinados comportamentos e, principalmente, saber controlar minhas emoções. Essa mudança de mentalidade me proporcionou amizades mais saudáveis, um casamento mais alinhado e uma vida financeira mais equilibrada.

Lembro que, quando iniciei a leitura, a palavra "propósito" me chamou a atenção, pois, até então, eu não sabia qual era o meu propósito de vida, nem tampouco tinha conhecimento da importância dele no mundo dos negócios. Empreender com propósito foi, realmente, a grande virada de chave na minha vida. Tudo mudou, depois que descobri o meu propósito, pois é ele quem nos dá a direção e o sentido da vida.

Por isso, querido leitor, se você buscar motivação apenas no dinheiro e em bens materiais, nunca passará de nível, nem deixará nenhum legado. Mas se, ao contrário, você estiver disposto a transformar a si mesmo e aos outros, em prol de um benefício coletivo, sua vida nunca mais será a mesma. Afinal, você nasceu para viver uma história única nessa terra e está sendo preparado, através de experiências positivas e negativas, para realizar o seu propósito que foi desenhado por Deus. Somente você pode realizar isso, porque carrega uma mensagem personalizada com experiências que só você viveu, e serão as suas maiores dores que lhe darão autoridade para ajudar muitas pessoas nesse mundo. E mesmo que hoje lhe pareça difícil entender, mais na frente, tudo fará sentido para você.

Em mim, essa transformação se deu quando um mentor amigo me disse: "Você precisa fazer o que precisa ser feito, pois pessoas podem morrer se você não compartilhar a sua mensagem". Nesse instante, a emoção tomou conta de mim e, impulsionada por aquelas palavras tão destravadoras, peguei o celular e comecei a fazer uma live, na intenção de compartilhar meus conhecimentos.

Foi assim que descobri que aquele era o meu verdadeiro propósito, transformar a vida das pessoas. Desse modo, comecei a treinar meus funcionários, compartilhando meus conhecimentos sobre desenvolvimento pessoal e embora essa tenha sido a minha primeira experiência no campo prático, tudo foi fluindo naturalmente, pois algumas sinalizações apontavam que eu estava no caminho certo.

É incrível o que acontece, quando estamos posicionados em nosso propósito, tudo conspira a nosso favor! Nossa vida vai criando uma nova perspectiva e o mundo vai se transformando inteiramente ao nosso redor. Mas é importante entender que uma mudança de mentalidade exige de nós uma mudança de vida. Portanto, devemos estar sempre prontos para abrir mão de pessoas, ambientes e hábitos, para dar lugar ao novo. E acreditar que, com foco, determinação, disciplina e fé, conseguiremos chegar até onde precisamos.

Se você é um empreendedor que deseja transformar pessoas através dos seus negócios, aqui estão as 3 principais chaves que mudaram a minha mentalidade e que eu ensino dentro da minha mentoria.

A primeira delas é a **mudança de mentalidade**. Você precisa buscar o autoconhecimento, um dos principais pilares da inteligência emocional. Muitos erros que cometemos durante os primeiros anos na empresa poderiam ter sido evitados se esse conhecimento nos tivesse chegado antes.
O autoconhecimento leva você a mergulhar para dentro de si mesmo e desperta para a descoberta da sua identidade, o seu dom dominante, as suas habilidades e o seu destino, em quem você quer se tornar, daqui a cinco anos, e como você vê o seu negócio, daqui a alguns anos. Com isso, você entenderá melhor sobre seus colaboradores, contribuirá, de maneira assertiva, dentro do seu negócio e será uma grande referência e inspiração para eles. Para a conquista do desenvolvimento pessoal, é necessário passar pelo autoconhecimento, pois ele é um caminho de descobertas sobre você. Depois de entender isso, será mais fácil ajudar outras pessoas a descobrirem seu propósito na terra.

A segunda é descobrir o seu **propósito de vida**, pois não faz sentido nenhum ter um negócio que beneficie somente a você e a sua família.

Ao longo dos anos, eu busquei o meu propósito de vida, pois o da empresa já estava claro, ensinar princípios e valores baseados na palavra de Deus, através do esporte para as crianças e suas famílias. Eu tentava entender qual era a minha relação com *marketing* e porque eu havia chegado àquela área dentro da empresa. Afinal, eu tinha uma formação em Fisioterapia e, dentro da empresa, eu havia desenvolvido um projeto chamado "Motricidade", que ensinava crianças com autismo e TDAH a desenvolverem habilidades motoras que foram "perdidas" e isso dificultava a realização de um esporte. Construído esse projeto, formei uma equipe e o coloquei em prática. Mas, com o passar do tempo, eu comecei a ter crises de angústia, cansaço excessivo, esgotamento emocional, pois as portas não se abriam para a expansão dele.

Um dia, acordei angustiada e chorando muito e quando meu esposo perguntou o que estava acontecendo, lembro que disse apenas: *"Eu não nasci para isso, nasci para treinar pessoas."* Aquilo foi como um grito de liberdade. Descobri, naquele instante, que a espiritualidade está conectada ao propósito e, por isso, entendi que era hora de entregar a Deus todos os meus títulos e meu projeto de coordenação motora e deixá-lo me guiar rumo ao propósito que Ele tinha para mim. A partir daí, a chave virou e eu compreendi porque havia me tornado empreendedora e porque estava na área de marketing. Assim, encerrei o projeto e decidi seguir o meu propósito de vida.

Portanto, é importante que você entenda que o seu propósito nem sempre está ligado à sua formação acadêmica, mas sim, à sua identidade, àquilo que você nasceu para ser. Claro que sua graduação pode ser uma importante ferramenta para cumprir o seu propósito, mas se ela não está fazendo sentido, não é necessário viver uma vida engessada. Você é livre e pode escolher outras ferramentas que o levarão à sua plenitude e darão mais sentido à sua vida. Nesse processo, fui me deixando conduzir por Deus.

Primeiro, comecei a fazer cursos e mentorias na área de desenvolvimento pessoal e, depois, terapia com uma psicóloga. Confesso que foi incrível ver a ação de Deus em minha vida, ver como Ele conduzia tudo de forma tão alinhada. Foi assim que um novo caminho se abriu para mim, ou seja, o projeto de mentoria revelado por Deus em Isaías 43:18-19, com o propósito de ajudar pessoas a se conectarem com o seu propósito de vida.

E por fim, a terceira chave, que são **as conexões**. Quando descobri o meu propósito, Deus começou a me conectar com mentores que eu nunca imaginei conhecer, que faziam o que ardia em meu coração e que tinham chegado aonde eu queria chegar. Durante as mentorias, fui conduzida a novos ambientes e entendi que era Ele quem estava me guiando para o meu propósito, me mostrando um caminho diferente e novo para viver. Eu pude ver que Deus apresenta seus amigos e mentores corretos para cada propósito, foi uma descoberta incrível! Lembro que Ele me conectou a uma amiga querida que me disse, num dia de muita angústia: *"O seu chamado está gritando dentro de você, comece!"*

Deus me ensinou que poucas pessoas estariam comigo no processo e quando eu estivesse vivendo meu propósito. E é verdade! As conexões certas nos levam para mais perto do nosso propósito, abrem novas portas e nós começamos a subir de nível, é impressionante!

Meu objetivo, ao compartilhar esse conhecimento, é fazer com que você entenda que para empreender, é preciso ter um propósito, ter coragem de mudar de rota, correr riscos, enfrentar novos desafios, sair da zona de conforto e explorar um novo caminho desconhecido que Deus preparou para você. É também compreender que haverá um momento em sua vida que você precisará recomeçar, mas com um alinhamento correto, novos ambientes e conexões específicas, você vai começar a desfrutar de uma vida mais leve, com mais liberdade de se movimentar, pois Deus é dinâmico e o guiará para um projeto muito melhor que já está preparado para você.

Quero encorajá-lo a viver esse processo de transformação, essa mudança de mentalidade que posicionará você na sua real identidade. Para isso, escreva na sua agenda uma lista de palavras e frases curtas de como você se vê no futuro e, com base no que você escreveu, comece a caminhar firme, com muita fé e foco em seus objetivos, realizando tudo o que for necessário para alcançar o seu verdadeiro propósito de vida.

"O seu propósito está ligado à sua identidade, ao que você nasceu para ser.

Ialy Nogueira"

Joice Sarmento

Me chamo Joice Sarmento, tenho 34 anos, sou fundadora da LAB301, empresa voltada para criação de marcas e posicionamento digital que começou somente comigo e hoje conta com uma equipe que brilha muito.

Sou formada em Gestão Financeira e Design de Moda, trabalhei 8 anos como estilista desenvolvendo coleções para marcas, tive a minha própria marca de moda feminina, fortaleci minha marca pessoal e cresci no Instagram.

Porém, em busca do meu propósito, surgiu a minha empresa atual, recomecei do zero há 3 anos, criando uma nova marca e com isso aprendi muito, hoje ajudo empresas a criarem marcas fortes e posicionamento de valor. Sou uma mulher cheia de sonhos e um deles está começando a se concretizar agora, por meio desse livro.

joicesarmentolab301

+55 (47) 99781-9343

www.lab301branding.com

21 DESENVOLVENDO UMA MARCA FORTE

Por Joice Sarmento

Desenvolver uma marca forte não é tarefa fácil, negócios existem muitos, mas marcas fortes são diferentes. Quando falamos em marca de refrigerante, qual é que vem à sua cabeça? Coca-Cola. Achocolatado? Nescau. Tem marcas que são tão fortes em nossa memória que ao invés de falarmos que estamos tomando um achocolatado, por exemplo, falamos que estamos tomando Nescau. O que faz essas marcas fixarem em nossas cabeças? Uma marca forte é aquela que é a primeira a vir na mente do público e que ao pensar no nicho que atuam, elas são imediatamente lembradas; elas vendem muito mais do que produtos e serviços, e é isso que quero te mostrar nesse capítulo, de forma objetiva, como fazer o mesmo com a sua marca.

A construção de uma marca forte pode aumentar a percepção de valor dos produtos e serviços oferecidos pela empresa, gerando maior lucratividade para o negócio. Além disso, uma marca forte não desperta somente o desejo do público, mas também de colaboradores que ofereçam melhores serviços ao seu negócio e até mesmo investidores que desejam se associar a empresas bem-sucedidas, podendo ser um potencializador de crescimento da sua marca.

Trabalhando com isso diariamente - inclusive postando uma vez por semana análise de *branding* de grandes marcas no meu Instagram e buscando cada dia fortalecer mais a minha marca e de meus clientes - montei uma tríade que considero essencial para criação de uma marca forte e que tanto essas marcas citadas quanto outras grandes marcas a aplicam com maestria.

1. Identidade

O princípio de tudo está aqui. Uma marca forte é única, tem sua identidade muito definida e para isso, é preciso olhar para fora para saber o que o mercado está fazendo e espera de você, fazer pesquisas, mas principalmente olhar para dentro. É esse ponto de olhar para dentro que muitas empresas acabam falhando por não fazerem. Quando você olha para dentro, para os princípios, valores, aquilo que acredita, causas que defende, como quer ser vista, quais experiências e conhecimentos essa marca carrega e expressa isso, ela cria singularidade, vai se diferenciando pelos detalhes. Uma marca que é referência em identidade é a RedBull, irreverente, não tem medo de ousar e fortalece sua personalidade por meio do seu estilo aventureiro e desafiador, "RedBull te dá asas".

Tem uma revista chamada i-D, que gosto muito de trazer como referência para meus clientes, por trazer em todas as suas capas uma celebridade cobrindo um dos olhos, porque eles acreditam exatamente nisso, que para você achar a sua identidade, um olho precisa estar aberto para o mundo e o outro fechado olhando para dentro de si. Você já se viu olhando para a marca do outro e buscando fazer algo parecido? Acredito que todo mundo em algum momento da vida, sim. Eu já, e quando buscamos ser parecidos com o outro, é porque ainda não estamos olhando para dentro da nossa marca, fica algo malfeito, sem essência, sem conexão. No meu negócio, uma das viradas de chave foi essa, quando olhei pra dentro da minha marca e coloquei isso para fora, então as pessoas começaram a se conectar comigo de verdade. Não só eu me vi ali, mas o público também passou a me enxergar.

2. Comunicação

Logo em segundo, já trago a comunicação, pois após definida sua identidade, você precisa comunicar ela para o seu público para que ele conheça e passe a se conectar com a sua marca, por compartilhar dos mesmos valores e ter mais do que a necessidade dos seus produtos e serviços, mas também o desejo por fazer parte da sua história porque representa o seu estilo de vida. Aqui você vai trabalhar tanto a comunicação verbal, tom de voz da marca, como também a comunicação visual. Uma pesquisa realizada pela empresa 3M e Rabisco aponta que nosso cérebro processa as imagens 60.000 vezes mais rápido do que os textos. Uma marca forte tem sua imagem clara também, vamos ver? Primeira marca que usa a cor roxa que vem na sua cabeça? NuBank! Vermelho e Amarelo?

McDonald's! Você já reparou como todo material dessas marcas seguem o mesmo padrão? Cores, fontes, estilo...isso as fortalece.

Sua comunicação visual precisa ser compatível com os valores da sua marca. Quando você representa a sua marca, a sua imagem tem apresentado o valor que deseja? O que você veste, sua postura, cabelos, acessórios também estão comunicando. Tem uma série chamada The Bold Type em que a empresa de marketing vai até à candidata a presidente entender o motivo pelo qual ela sempre usa roupas chamativas e ela diz: "É uma estratégia que encontrei para as matérias falarem das minhas roupas e não do meu discurso". Haja com intencionalidade em tudo o que você faz.

Na sua comunicação, um outro ponto que considero de extrema importância é o seu posicionamento, você precisa defender aquilo que acredita e parar de falar com todo mundo e agradar a todos. Quem fala com todo mundo não se conecta com ninguém. Para isso, tenha uma comunicação clara, muitas vezes falamos muito mais do que o público deseja ouvir, o que as pessoas esperam de nós enquanto marcas é como podemos agregar em suas vidas.

Uma estratégia para fortalecimento de marca a ser aplicada na sua comunicação são os rituais: crie repetições, tanto na comunicação visual quanto verbal. Quer ver um exemplo? Imagine eu de frente para você agora movimentando meu dedo indicador em formato de círculo e colocando um ponto ao centro dele, de qual marca você lembrou? Itaú, lembrada por um gesto. "O banco feito para você", qual é? Itaú, lembrado por uma frase que você já ouviu diversas vezes nos comerciais de tv. Explore todos os meios de comunicação disponíveis, principalmente as redes sociais, que hoje é algo tão acessível e estamos conectados o tempo todo, você tem uma ferramenta poderosa para fortalecimento de marca na palma das suas mãos.

3. Público

Apple, Disney, Google, todas essas marcas sabem com quem estão falando e estão sempre se atualizando, vendo o que esse consumidor espera da marca, o que ele necessita que a marca possa surpreendê-lo, como proporcionar uma experiência diferenciada e única de modo que o seu público se apaixone pela marca e se torne um fã e defensor. É preciso mais do que conhecer o público, corresponder às suas expectativas e mudanças na velocidade que exigem.

A marca Kodak, reconhecida na área de fotografia, é um caso que não conseguiu acompanhar as mudanças de mercado causadas pelo digital e chegou à falência. É preciso sempre se atentar às mudanças de mercado e comportamento de consumo. Além disso, quando você sabe com quem fala, você usa palavras, gestos, imagens que o seu público se identifica e se reconhece em sua marca. Um exemplo que podemos trazer aqui é a Apple: a marca cria uma conexão emocional com o público, que vê em seus produtos um estilo de vida e uma forma de expressão, quem consome seus produtos compra muito mais do que celular e computador e sim, pertencimento aos valores dessa marca.

É claro que são diversos pontos que devem ser trabalhados em uma marca para que ela seja reconhecida como uma marca de valor, porém, escolhi essa tríade por considerar os principais e essenciais, pois sem um desses não há sustentação da marca.

Para uma construção de marca, você precisa de um processo de *branding* bem feito e revisitado sempre, pois sua marca estará em constante evolução. Quando iniciamos uma marca, são diversos investimentos sendo feitos e o processo de *branding* acaba sendo deixado de lado. Você pode até começar agir sem ele, mas a virada de chave que você precisa no seu negócio está em um processo de *branding* bem-feito.

Quando você tem todas as suas estratégias claras, você passa a tomar decisões mais firmes e assertivas. Você se posiciona e passa a ser reconhecido como marca única e nesse momento seu valor se torna imensurável. É muito importante lembrar aqui que a sua marca pode estar totalmente atrelada à sua marca pessoal, temos cases de marcas de sucesso em que a marca pessoal do CEO está vinculada ao fortalecimento da marca profissional, como Steve Jobs na Apple, Gabrielle Bonheur na Chanel e tantas outras. Já em outros casos, a sua marca é você, como por exemplo, Michelle Obama. A ex-primeira-dama dos EUA é uma forte defensora da igualdade, da educação e do bem-estar, e sua marca pessoal é construída em torno desses valores. O jogador Cristiano Ronaldo é uma das marcas mais valiosas do mundo e seus principais ganhos não são através do futebol e sim, por campanhas em que sua marca pessoal é contratada.

Independente da forma como for criar a sua marca, esses três pilares serão essenciais para torná-la uma marca forte. Vão ser muitos erros até começar acertar, mas se eu tivesse que recomeçar novamente, seria com essa tríade. Muitas vezes, você vai sentir que não é capaz, que não tem valor, se comparar a outras marcas no mercado, porém é exatamente a sua identidade que vai torná-la autêntica e única, você tem algo que ninguém mais tem. Eu era uma criança curiosa que foi repreendida, me tornei a adolescente extremamente tímida e quando adulta tive oportunidades que ou eu me comunicava, ou elas iriam passar.

Superei meus medos de me comunicar, de me posicionar e fui me fortalecendo como marca dia após dia e hoje tenho muito claro que toda a minha experiência vivida agrega valor à minha marca. Foram momentos de dores, lutas, estudos, caminhos em que passei, que são só meus, ninguém mais fez igual. Então, eu tenho um valor único e essa hoje é minha marca. Que marca você quer deixar? Quais histórias você quer contar? Quais vidas transformar? Tudo isso é possível através de um processo de criação de marca e posicionamento de valor e nesse caminho, com a minha experiência e junto com a minha equipe da LAB301, queremos te ajudar.

O capítulo desse livro é apenas uma pequena amostra, mas te convido a nos seguir nas redes sociais, entre em contato, fale que leu esse capítulo e o que achou, e venha construir uma marca e posicionamento digital de valor. Se todos nós brilharmos juntos, viramos constelação.

"Você se posiciona e passa a ser reconhecido como marca única e, nesse momento, seu valor se torna imensurável.

Joice Sarmento"

Josana Alves

Sou Josana Alves, nasci em Senhor do Bonfim, interior da Bahia. Sou casada e tenho uma filha chamada Geovanna. Construí uma carreira profissional sólida e crescente, tendo como princípio básico antes de ser profissional, ser humana e jamais negociar valores. Passei por grandes empresas, fui líder por 20 anos e fiz transição de carreira para atuar na área de desenvolvimento humano e empresarial.

Meus pais viveram escassez na infância, lembro-me dos relatos do meu pai José Nunes, falando que passou fome e minha mãe Anália Alves, que foi difícil estudar e ter uma profissão, mas eles transformaram essa realidade e contribuíram com pessoas. O que me falam é que herdei deles o dom de gostar de gente, superar desafios e ajudar pessoas.

Criei a Equilibrium, com a missão de impactar vidas e negócios, onde sou gestora, palestrante e coach de carreira e negócios.

josanacoach

equilibrium_consultoria

22 GERENCIANDO CONFLITOS EM UMA EQUIPE

Por Josana Alves

Nas recordações da minha infância, observo que já despontava algumas características do perfil empreendedor. Me destacava pela criatividade nas brincadeiras, sempre influenciando e liderando grande parte das travessuras de criança. Dos 8 aos 11 anos, ajudava no comércio de pessoas próximas e criava alguns como o clube da Barbie, onde minhas amigas se associavam e pagavam para brincar, também fazia bazar na casa de minha mãe e comercializava produtos usados.

Na escola, estava entre as mais estudiosas e esforçadas da sala, isso persistiu até a faculdade. Durante minha trajetória estudantil, também assumi funções como líder de sala e oradora da turma. E quando estava cursando minha primeira graduação, vendi produtos de vários segmentos até resolver abrir meu primeiro negócio formal aos 19 anos, que não deslanchou devido à imaturidade e falta de foco no negócio.

Resolvi então ganhar mais experiência, praticando o intraempreendedorismo (empreender no CNPJ de outras empresas). E assim vivenciei experiências incríveis, enfrentei muitos desafios e posso dizer sem ressalvas que o maior deles é liderar equipes, o que implica principalmente em desenvolver e influenciar pessoas e gerir conflitos.

Fui construindo minha carreira, investindo em conhecimento e somando às experiências do dia a dia de uma empresa. Dei o meu melhor e aprendi muito, tive oportunidade de trabalhar em grandes empresas e conviver com uma diversidade de pessoas dos mais variados comportamentos, o que me possibilitou aprofundar mais na minha primeira área de formação Administração de Empresas. Me especializei em Gestão Empresarial e no segmento de gestão de pessoas, porém foi através da formação em Coaching Integral Sistêmico e PNL – Programação Neurolinguística que entendi sobre o comportamento humano e como esses são desencadeados.

Ao longo dos anos, pesquisas e estudos apontam sobre a importância de entender os comportamentos das pessoas, tendo em vista que estão diretamente ligados aos resultados das equipes dentro das organizações. Para as pessoas "fazerem acontecer" é através do desenvolvimento individual que irá refletir no todo. As equipes são a soma das individualidades e das diferenças.

Como líder, vivenciei muitos momentos desafiadores de conflito tanto em outras empresas como na minha própria empresa. Pude constatar que a má condução dos conflitos pode gerar muitos problemas como: falta de engajamento dos colaboradores, enfraquecimento da cultura organizacional, baixa produtividade e desvio do foco para alcançar os objetivos propostos. É imprescindível encontrar formas estratégicas de gestão dos conflitos, para eliminar os comportamentos negativos e os ciclos de repetição desfavoráveis.

Nos ambientes de trabalho podem surgir momentos que toquem nas feridas emocionais, muitas vezes escondidas e, de repente, são acionadas em detrimento de uma palavra ou um gesto. Então vem a dor, as emoções e muitos conflitos podem surgir exatamente desse ciclo. Podemos escolher onde iremos trabalhar, mas na maioria das vezes não temos como escolher com quem iremos trabalhar, portanto, entender esse contexto pode ajudar a encontrar uma forma mais construtiva de gerenciar situações de conflito.

Vou compartilhar 5 estratégias, que utilizo e que são fundamentais, tanto para gerir um conflito já instalado como também atuar na prevenção.
O primeiro deles é **desenvolver a liderança**, pois um gestor de conflitos eficiente consegue transformar o ambiente de trabalho em um espaço de integração e crescimento mútuo. A administração de um ambiente harmonioso é uma das tarefas do líder, que precisa estar alinhado e desenvolver as habilidades como:

Comunicação assertiva: utilizar a capacidade de se expressar de forma imparcial, clara e sem agressividade. Busque sempre olhar nos olhos das pessoas e as estimular para a resolução do problema. O aprofundamento de estudos sobre comunicação não violenta e linguagem corporal é um fator fundamental para obter sucesso na comunicação durante a mediação de um conflito.

Negociação: desenvolver essa habilidade implica em entender as causas que levaram ao conflito e os diferentes pontos de vista que proporcionaram a situação. Então nunca buscar quem está certo ou errado, quem ganha ou quem perde e sim buscar o ganha a ganha. A PNL – Programação Neurolingustíca nos mostra que podemos acionar gatilhos durante uma negociação, usando isso a seu favor sem dúvida obterá bons resultados.

Escuta ativa: antes de tomar qualquer decisão, deve-se ouvir com atenção todos os envolvidos utilizando uma postura sem julgamentos e com empatia. Ficar atento à linguagem não verbal é um diferencial no momento da escuta.

Inteligência emocional: essa competência envolve coeficientes emocionais pessoais e sociais. O entendimento sobre si mesmo, mapeando seus próprios conflitos e o quanto o seu relacionamento com você interfere nas relações sociais. Nesse universo estará a possibilidade de desenvolver positivamente o campo das emoções. Quanto mais essas competências estiverem desenvolvidas, mais fortalecido e equilibrado você estará para gerenciar os conflitos que surgem nas equipes.

Autorresponsabilidade: compreender que o nível de responsabilidade do líder vai além de assumir um cargo, é uma ponte entre a empresa e os colaboradores. Desenvolver sua consciência e dessa forma entender o contexto do conflito, pois é importante separar o que está no seu controle e o que está no controle dos demais, depois agir com eficiência para eliminar os conflitos. Buscar soluções e não justificativas, e substituir culpa por responsabilidade.

A liderança deve semear a cultura de cada um cuidar de si e em seguida todos cuidarem uns dos outros. Gerando assim responsabilidade individual, refletindo no coletivo e neutralizando conflitos. Assim, a equipe vai entendendo o processo e a sintonia vai acontecendo naturalmente.

Segundo lugar, utilizar **os diálogos de forma contínua**, com foco em buscar harmonia, não fugir dos confrontos, mas enfrentá-los com sabedoria, entender que esses momentos podem ser uma oportunidade de crescimento e de superação.

Quando eu permito compreender o outro, descubro que a maior parte dos conflitos são sobre mim e não necessariamente sobre o outro. Por exemplo: se alguém me disse algo que me ofendeu, significa que permiti, dei importância e assim estou dando plenos poderes ao outro. Então devo seguir fazendo um monitoramento contínuo do que devo filtrar, do que devo entender como um feedback e do que devo buscar compreender melhor. Se for o caso, posso dizer ao outro como me senti com aquele comentário e buscar resolver entre nós com maturidade e sem deixar que isso ultrapasse um limite de desrespeito, criando um clima ruim e de desconfiança.

Caso eu não consiga ter esse diálogo, isso pode ficar remoendo internamente e no primeiro momento que puder, vou agir de forma agressiva e criar o conflito.

Em terceiro, **identificar o perfil comportamental da equipe**, porque muitas vezes as divergências são devido a diferenças de perfil comportamental. Existe uma ferramenta chamada DISC, que possibilita o indivíduo se autoavaliar e entender o seu perfil, assim entenderá boa parte de seus comportamentos e dos comportamentos dos seus colegas de trabalho. Mas essa ferramenta deve ser aplicada por um especialista chamado de analista de perfil comportamental.

Quarto, **monitorar as insatisfações da equipe**, e uma das formas de fazer esse monitoramento é realizando uma pesquisa de clima. A aplicação deve ser feita por algum especialista em gestão de pessoas; através dessa ferramenta, todos os colaboradores participam respondendo perguntas e sinalizando os incômodos, depois os resultados serão tabulados. É como se fosse um termômetro e pode nortear a gestão a tomar decisões e criar ações que possibilitem favoravelmente o bom relacionamento no ambiente empresarial. Exemplo de ações que podem surgir após aplicação da pesquisa: treinamentos, implantação de *feedback*, avaliação 360, criar momentos de bem-estar e qualidade no ambiente de trabalho, entre outras coisas.

Em quinto lugar, criar de **forma sistemática** reuniões em todos os níveis de hierarquia. Reuniões entre liderança, reuniões entre líder e seus liderados e reuniões gerais. Essas reuniões devem ser bem estruturadas com uma pauta definida, mas com abertura para participação ativa das pessoas presentes. Nesses momentos, podem ser utilizadas ferramentas e dinâmicas de grupo para trazer reflexão e autoconhecimento. Essas reuniões ajudam na comunicação interna, na clareza dos objetivos e na tratativa de demandas possibilitando criar espaços para interação e coletividade.

A gestão de conflitos ultrapassa o entendimento de ser apenas uma mediação de desentendimento entre o time, vai muito além e faz parte de um trabalho contínuo com estratégias diferenciadas. Quando essa gestão é feita de forma estruturada e planejada, os benefícios são claramente observados no ambiente, melhorando significativamente os resultados da empresa, com uma equipe engajada, uma cultura empresarial humanizada e mais fortalecida, colaboradores mais satisfeitos e saudáveis, diminuição nos índices de rotatividade e absenteísmo, objetivos mútuos alcançados.

Diante de tudo que você leu, como irá se comportar diante de um conflito a partir de agora? Quando você pensa no seu ambiente de trabalho, qual imagem vem para você? Quando você lembra de seus colegas de trabalho, quais os sentimentos que vem automaticamente? O que você pode fazer de imediato para evitar um conflito? A equipe que você faz parte tem um propósito? Quais habilidades precisa desenvolver para obter melhores resultados junto a sua equipe?

Se você quer dar o próximo passo, quero te desafiar a escrever em apenas duas linhas: o que está deixando de ganhar em detrimento da falta ou da falha na gestão de conflitos da sua equipe? E qual será a sua ação imediata para mudar esse cenário?

"Um gestor de conflitos eficiente consegue transformar o ambiente de trabalho em um espaço de integração e crescimento mútuo.

Josana Alves"

Lene Resieri

Sou Lene Resieri, nascida em Minas Gerais, casada e mãe de um belo rapaz, formada em Ciências Contábeis e pós-graduada em Gestão Empresarial.

Em 2004, migrei minha carreira de contadora para consultora e, desde então, atuo nas áreas de gestão financeira e estratégica.

Realizei a implantação de processos de gestão através de uma multinacional em seus distribuidores no ES, MG e BA, o que me proporcionou uma ampla experiência.

Ao longo de mais de 20 anos de trajetória profissional, atendi empresas de vários segmentos, o que me permitiu compilar uma metodologia pautada em processos para ajudar empresários a gerirem e prosperarem em seus negócios.

leneresieri.mentora

lene.resieri@gmail.com

+55 (27) 99892-7789

23 CRIANDO PROCESSOS EFICIENTES

Por Lene Resieri

Eu tinha apenas 17 anos quando consegui o meu primeiro emprego de carteira assinada em um escritório de contabilidade em Vitória/ES e por lá permaneci por 10 anos. Apaixonada pela área, escolhi a minha profissão: contadora.

Sempre tive perfil empreendedor e analisava o balanço dos clientes não apenas com o olhar técnico, mas sim, buscando compreender o negócio em todas as suas dimensões. Ao analisar os balanços, ficava intrigada do porquê apesar de excelentes produtos e/ou serviços, os números eram ruins ou aquém das expectativas dos meus clientes. Após algumas reuniões, percebia o quanto os empresários estavam envolvidos em rotinas operacionais e dedicando pouco tempo para gerir o negócio, o que provavelmente explicava os resultados apresentados no balanço.

No Brasil, a grande maioria dos empreendedores inicia a jornada no mundo dos negócios sem planejamento, recursos financeiros, estrutura de apoio e sem experiência de gestão, apenas com o sonho de ser empresário. E a falta de gestão é um dos principais motivos que leva um pequeno negócio fechar as portas em até no máximo 05 anos da abertura do CNPJ, é o que aponta as pesquisas do Sebrae.

Foi pensando em como eu poderia ajudar os empreendedores a superarem esse obstáculo que identifiquei a oportunidade de negócio em atuar como mentora e através dos conhecimentos adquiridos ao longo da minha carreira, desenvolvi o método S.O.M.A.R que ensina empreendedores a estruturarem o seu modelo de negócio. O método ajuda a desenvolver não apenas competência técnica aos gestores, mas também o próprio *know-how* das pessoas que o colocam em prática.

S.O.M.A.R representa as iniciais de ***S****onhos,* ***O****bjetivos,* ***M****eta,* ***A****ção e* ***R****esultado.* Foi desenvolvido voltado para os processos relacionados à *gestão estratégica e financeira* e tem como alicerce os pilares de Planejamento, Processos e Pessoas. Está dividida em 05 módulos interligados entre si, que alinham a ideia original do negócio aos seus objetivos, metas, ações e resultados almejados.

Quero te apresentar o método S.O.M.A.R dividido em módulos e se fizer sentido para você, aplique ou reavalie o seu negócio seguindo as orientações abaixo:

- Sonho

O início da caminhada de todo empreendedor começa com um sonho, que vê o que ninguém vê, vislumbra algo que o motiva a entrar no mundo dos negócios desejando alcançar o sucesso e as realizações que trarão significado para a sua vida. Mas é preciso tirar o sonho do campo da imaginação, para que não se torne apenas uma ideia solta e faremos isso com uma ferramenta chamada *Mapa Mental*, que nos ajudará a adequar a ideia original a uma estrutura de negócio. Vamos a ela:

Proposta de valor – Pare e pense na razão de existir do seu negócio. Qual o problema seu negócio resolve? Qual a solução você oferece?

Atividades-chave - Quais são as atividades essenciais para a existência do seu negócio e que entregará a proposta de valor?

Parceiros-chave – Quais são os parceiros principais para que o seu modelo de negocie se concretize?

Recursos-chave – Quais os recursos necessários para viabilizar as atividades-chave do seu negócio?

Estrutura de custos - Liste aqui, todos os custos necessários para que o seu negócio possa funcionar.

Fontes de renda – Quais serão as fontes de renda do seu negócio? Como pretende ganhar dinheiro?

Segmentos de mercado – Para quem é essa solução? Quem precisa resolver o problema que você identificou na proposta de valor?

Relação com o cliente - Como você irá se relacionar com o seu cliente?

Canais - Descreva os canais de venda dos seus produtos e serviços.

- Objetivo

É importante entender qual é o objetivo do seu negócio, que faça sentido para você e justifique ter uma empresa. É o alinhamento entre *desejo x necessidade* do negócio próprio que irá nos auxiliará no próximo passo. Reflita sobre as questões abaixo antes de escrever seus objetivos:

Estou fazendo o que gostaria? *O ramo de negócio que escolhi está alinhado ao meu propósito? Como quero ser reconhecido no mercado?*

Considerando que o mundo dos negócios é dinâmico e complexo, precisamos conhecer os nossos pontos fortes e fracos neste mercado, dessa forma independente, se você irá abrir ou já tem um negócio, te convido a utilizar a Matriz SWOT, que nos auxilia a detectar e avaliar os pontos fortes e fracos da ideia do seu negócio, com o objetivo de torná-lo mais eficiente e competitiva. Para analisar os *fatores internos* do seu negócio, faça algumas perguntas para si mesmo como por exemplo:

Fraquezas - O que pode ser evitado? O que precisa ser melhorado? Que desvantagens existem no seu negócio?
Forças - O atendimento ao cliente está satisfatório? Possui variedade de produtos e/ou serviços? Seus horários de atendimento são flexíveis?

Agora precisamos analisar os *fatores externos* ao seu negócio, ou seja, os que estão além da sua vontade, mas podem impactar o seu negócio.
Oportunidades - Analisando as oportunidades e tendências do mercado, quais circunstâncias podem favorecer o seu negócio?
Ameaças - Quais os obstáculos o seu negócio enfrenta no momento? O que os concorrentes fazem?

- Meta

Vamos agora estabelecer as nossas metas! Várias questões foram pontuadas nos tópicos anteriores, que irão exigir algumas ações, não é mesmo? Entretanto, de nada adianta termos objetivos e não os **quantificar**, esse é o nosso próximo passo e somente a partir daí podemos afirmar que temos uma *Meta*. Baseado nos pontos levantados nos tópicos *Sonhos* e *Objetivos*, iremos estabelecer as suas metas e para que sejam bem definidas, seguindo um padrão e com critérios específicos, iremos utilizar a matriz **SMART**:

S (específico) – Defina o que exatamente você quer fazer.
M (mensurável) – O que determina que você atingiu seu objetivo?
A (atingível) – Esta meta é realista?
R (relevante) – Por que esta meta é importante?
T (temporal) – Em quanto tempo você quer alcançar?

(Exemplo: Identificar os meus parceiros de negócios até o dia xx/xx/xxxx.)

- Ação

Bem, considerando que temos um sonho, alinhado a um objetivo e metas claras, precisamos partir para a ação e vamos utilizar uma ferramenta conhecida por muitos, o *plano de ação*, que irá te auxiliar no acompanhamento das atividades para garantir que nenhuma das tarefas necessárias para atingir o seu objetivo sejam abandonadas. Invista tempo nesta etapa, costumo dizer aos meus clientes e alunos: "Invista MAIS tempo planejando para gastar MENOS tempo executando." E para que tenhamos um bom plano de ação, vamos utilizar a Matriz 5W2H, uma ferramenta de uso simples muito utilizada em áreas de gestão. A sigla é formada pelas 7 iniciais, em inglês, das 7 diretrizes que, quando bem estabelecidas, eliminam quaisquer dúvidas que possam aparecer ao longo de um processo ou de uma atividade. São elas:

What (o que será feito?)
Why (por que será feito?)
Where (onde será feito?)
When (quando será feito?)
Who (por quem será feito?)
How (como será feito?)
How Much (quanto vai custar?)

- Resultado

Precisamos considerar que o resultado é a consequência final de todo o esforço do empresário mediante os seus objetivos, entretanto, é preciso medir, analisar e avaliar se os resultados apresentados pelo seu negócio estão alinhados ao que você sonhou e se não estiver satisfeito, deve-se estabelecer quais as ações necessárias que demandarão seus esforços, seja tempo ou recursos financeiros para alcançar.

Existem inúmeros indicadores que poderão ser utilizados para medir o seu resultado, escolhi os indicadores *Faturamento x Investimento*, pois considerando que provavelmente você utilizou todas as suas economias financeiras para começar o seu negócio, precisamos identificar se o retorno financeiro comparado ao investimento que foi realizado está sendo satisfatório.

O faturamento é um dos principais indicadores de saúde financeira do seu negócio, desde que você saiba usá-lo. Através do faturamento, é possível ter uma visão clara se o seu produto e/ou serviço estão gerando vendas e como anda a capacidade produtiva do negócio, além de ter uma base para acompanhar seu fluxo de caixa. Esta é a fórmula utilizada: **Faturamento bruto = preço de venda x quantidade vendida**

Com o resultado da fórmula acima, é possível avaliar se de acordo com às suas expectativas do negócio você está no caminho certo, ou seja, ganhando dinheiro. Mas antes desta conclusão, precisamos agora analisar qual tem sido o retorno do investimento do seu negócio e para essa análise iremos utilizar o ROI – Retorno sobre investimentos.

O ROI é uma das métricas mais importantes de uma empresa, com essa informação, é possível entender se as estratégias de desenvolvimento do negócio estão funcionando ou se é necessário fazer ajustes. Esta é a fórmula utilizada: **ROI = (Ganho – Investimento) / Investimento.** Para calcular o ROI de um investimento, é preciso subtrair o ganho obtido pelo valor que foi investido. Depois, divide-se este resultado pelo valor investido. E aqui quero me referir ao ganho como sendo o que de fato sobrou após deduzir os custos das receitas.

Agora sim, você pode avaliar se o resultado obtido com o seu negócio de fato está fazendo sentido e justificando todo o seu esforço e dedicação.

Assim chegamos no último módulo do método S.O.M.A.R, observem que *construímos* o caminho ao longo do método, ou seja, sonhamos, objetivamos, estabelecemos metas e implementamos ações para alcançar os resultados que são refletidos através dos números apresentados em um balanço patrimonial.
Então, podemos concluir que o resultado de um negócio é reflexo de uma boa ou má gestão, e o que determina o sucesso de uma empresa é uma gestão interligada a planejamento, processos e pessoas.
Eu quero te encorajar a repensar o seu negócio e a escrever qual é a sua percepção do momento atual do seu negócio. Você está no caminho que almejou? Está feliz com o resultado?

"O que determina o sucesso de uma empresa é uma gestão interligada a planejamento, processos e pessoas."

Lene Resieri

Leonor Fróes

Olá! Sou uma contadora apaixonada pela minha profissão. Meu nome é Leonor Fróes e tenho formação em Contabilidade, Administração, MBA em Gestão Financeira, Auditoria e Controladoria pela FGV. Há 17 anos, fundei a Soma Contabilidade, trabalhando em empresas de diversos portes e segmentos, em todo Brasil, o que me deu uma visão ampla e estratégica dos negócios.

Acredito que uma boa gestão contábil é fundamental para o sucesso de qualquer empresa, com isso busco atuar com uma contabilidade mais consultiva, fazendo assim diferença na vida dos meus clientes.

Grande prazer estar aqui com vocês.

leonorfroescontadora

leonorfroesalmeida@hotmail.com

Leonor Froes

+55 (33) 99992-7220

24 CONSTRUINDO UMA CULTURA ORGANIZACIONAL FORTE

Por Leonor Fróes

Introdução à cultura organizacional

Ao construir uma empresa, é importante não apenas pensar em estratégias de negócios e finanças, mas também em como criar e manter uma cultura forte dentro da organização. A cultura empresarial é a personalidade da empresa, a sua essência, o seu jeito de ser. É aquilo que define como a empresa age, se comporta e o que a torna única, individual, é a maneira como as pessoas dentro e fora da organização a enxergam. É um conjunto de valores, crenças, comportamentos e tradições e é refletida em como a organização conduz seus negócios e interage por todos os membros da equipe, com clientes e parceiros.

Uma cultura organizacional forte pode ser um fator importante na retenção de funcionários, no engajamento dos colaboradores e na atração de talentos. Uma empresa com uma cultura forte pode aumentar a produtividade, a criatividade e a inovação, além de fornecer uma vantagem competitiva.

Identificando seus valores

O primeiro passo para desenvolver uma cultura organizacional forte é identificar seus valores. Os valores são as crenças centrais que orientam a tomada de decisão e as ações de uma empresa. Eles devem refletir a missão e a visão da organização. Para identificá-los, pergunte-se o que é mais importante para a empresa e para seus colaboradores. Quais são os princípios que norteiam as ações e decisões da equipe? Quais são as características que definem a empresa? Essas perguntas podem ajudar a identificar os valores centrais da organização.

Quando falamos de cultura organizacional, falamos sobre as mensagens que queremos passar e o comportamento. Você sabia que a cultura organizacional é um fator crítico para o sucesso de uma empresa? Ela não só pode ajudar a atrair e reter talentos, gerar mais resultados e melhorar a reputação da empresa, mas também pode influenciar diretamente as decisões estratégicas.

Comunicando seus valores

As rotinas diárias de uma organização podem e devem ser utilizadas para reforçar a cultura desejada. Você deve incluir práticas que demonstrem compromisso com a cultura, como nas reuniões regulares de equipe para discutir questões culturais e estimular a liderança, quando fizerem reuniões de 1:1 com seus liderados para falar sobre seu desempenho em relação aos valores e expectativas culturais.

É importante que os valores sejam incorporados em todas as áreas da empresa, desde a contratação até a estratégia de negócios. Os colaboradores devem ser encorajados a viverem esses valores no trabalho e serem reconhecidos quando o fazem.

Um gestor estratégico deve ser o guardião da Cultura, responsável por difundi-la e defendê-la, garantindo que a empresa viva e aja de acordo com os valores estabelecidos. Além disso, um gestor estratégico compreende com clareza que Cultura é um diferencial competitivo.

Não abra mão disso na hora de contratar, siga o que for acrescentar com a cultura da empresa.

Promovendo uma cultura inclusiva

Uma cultura forte não é apenas baseada em valores, mas também em inclusão. A diversidade na força de trabalho pode trazer diferentes perspectivas e experiências para a empresa, o que pode levar à inovação e criatividade.

Para promover uma cultura inclusiva, a empresa deve adotar políticas e práticas que respeitem e valorizem as diferenças entre seus colaboradores. Isso pode incluir iniciativas para recrutar uma força de trabalho diversa, criar programas de mentoria e treinamento para todos os funcionários, estabelecer políticas de não discriminação e criar uma cultura de respeito e tolerância.

Você pode criar rituais de reconhecimento e premiação para colaboradores que demonstram comportamentos e ações alinhados à cultura, como o reconhecimento mensal do "colaborador exemplar" ou a premiação da "melhor equipe cultural".
A cultura dita o estratégico e dita sim, os resultados.

Para criar uma cultura, se questione:
*Qual mensagem estamos passando?

*Nosso objetivo é...?
*O que eu estou buscando de resultado para minha marca, para minha empresa?

Princípios básicos:

1) Você deve saber qual é a cultura.
2) Ter o domínio para onde essa cultura vai.

Sempre fale da cultura, deixe claro sobre a cultura. Use no processo de admissão, promoção e rescisão.

Liderança forte é exemplo

Os líderes da empresa desempenham um papel fundamental na construção e manutenção de uma cultura empresarial forte. Eles devem liderar pelo exemplo, agindo de acordo com os valores e comportamentos que a empresa deseja promover.

Os líderes também devem estar dispostos a ouvir e responder às necessidades e preocupações dos colaboradores. Eles devem fornecer feedback construtivo e reconhecer e recompensar os colaboradores que demonstram comportamentos alinhados com os valores da empresa.

Os líderes devem agir como modelos para os colaboradores, demonstrando comportamentos e ações fortemente alinhados com a cultura desejada. Adote uma cultura que os líderes acreditem, mesmo sendo difícil e que tenha pontos positivos e negativos. Os líderes precisam estar alinhados com a cultura da empresa!

Uma coisa é certa: você e suas lideranças são a chave para manter, reforçar ou eliminar os fatores que não se aderem à cultura.

Práticas de trabalho que geram um equilíbrio entre vida pessoal e profissional

Suas ações vão desde a definição de requisitos culturais específicos para a contratação, processo de *onboarding, offboarding*, auxílio nas avaliações de desempenho, criação de programas de treinamento e desenvolvimento focados em valores e comportamentos culturais desejados.

Uma cultura forte também deve ser sensível às necessidades de seus colaboradores em relação ao equilíbrio entre vida pessoal e profissional. Práticas de trabalho flexíveis, como horários de trabalho flexíveis e trabalho remoto, podem ajudar a criar um ambiente de trabalho mais saudável e equilibrado.

Além disso, a empresa pode oferecer programas de bem-estar para os colaboradores, como serviços de aconselhamento, assistência em saúde mental e física, e opções de folgas remuneradas para ajudar a lidar com as demandas da vida pessoal.

Reforçando a cultura

Após fazer um diagnóstico da sua cultura, a principal pergunta que você deve se fazer é: "A cultura que tenho hoje, está entregando os resultados esperados?" Para cada possibilidade de resposta, você terá que agir. Se a sua cultura está entregando os resultados esperados, reforce. Caso não esteja, elimine as causas dos problemas.

Pois bem, o primeiro passo para reforçar a cultura desejada é mapear todas as oportunidades de falar de cultura. Onde há líderes e pessoas, há espaço para promover e reforçá-la.

Avaliação e adaptação

Para manter uma cultura forte, a empresa deve avaliar regularmente seus valores, práticas e políticas, e estar disposta a fazer mudanças quando necessário. A empresa deve estar atenta às necessidades de seus colaboradores e às mudanças no ambiente empresarial e social, e ainda, estar disposta a se adaptar para manter sua cultura forte e relevante.

As avaliações de desempenho devem trazer além das entregas dos colaboradores e serem utilizadas também para medir o alinhamento em relação aos valores e comportamentos culturais desejados. É importante que essas avaliações sejam claras e objetivas, e que incluam feedbacks construtivos e metas específicas para melhorar o desempenho em relação à cultura.

Mudanças corretivas na cultura

É importante lembrar que a cultura não é estática e imutável. Ela está em constante mudança, de acordo com a evolução do nível de maturidade da companhia. A cultura pode ser mudada, planejada, reformatada, conforme se queira. Porém, é preciso entender o que a faz não prosperar e agir de forma efetiva e, em muitos casos, implacável.

Mudar a cultura de qualquer empresa não é fácil, mas sem dúvidas, é possível. Mas não mude a sua por pressão de mercado, ou você irá se arrepender. Para mudanças corretivas, algumas ações básicas devem ser tomadas:

- **Mapear todos os comportamentos indesejados:** quais são os comportamentos que são comuns e, ao mesmo tempo, desalinhados à cultura? Você deve fazer um mapeamento bastante detalhado de todos eles.

- **Debater com as lideranças qual o caminho desejado:** todas as lideranças, sobretudo as estratégicas, devem participar das discussões sobre o caminho desejado.

- **Garantir que não haja contratações desalinhadas com a cultura desejada:** esse é um dos principais pontos que, em médio e longo prazo, irá construir uma cultura altamente alinhada. Não permita que pessoas desalinhadas ingressem na empresa.

- **Demitir pessoas desalinhadas com a cultura desejada:** decisões difíceis devem ser tomadas para trilhar o caminho da cultura desejada. Pessoas desalinhadas contaminam as outras e perpetuam um ciclo que pode ser altamente prejudicial para a empresa.

Conclusão

Na prática, a cultura organizacional serve como um guia de conduta para os colaboradores, inclusive, do alto escalão. Essa base é quase como uma identificação da marca, por isso, todos os profissionais devem praticar no dia a dia o que a empresa preza no discurso.
Ao seguir essas práticas e princípios, uma empresa pode desenvolver uma cultura empresarial forte que promove a colaboração, a inovação e a satisfação dos colaboradores. Com uma cultura forte, a empresa pode se destacar em seu setor e construir uma reputação de excelência e liderança.

Por fim, é essencial que a cultura organizacional seja utilizada como base para a tomada de decisão estratégica do negócio e seja bem compreendida por todos os funcionários.

Cultura e liderança são os alicerces da área de pessoas de uma organização!

"**A cultura empresarial é a personalidade da empresa, a sua essência, o seu jeito de ser.**

Leonor Fróes"

Lina Valléria

Atuo há mais de 20 anos como empreendedora, palestrante, facilitadora, mentora e sou mãe do Bernardo e do Rapha. Durante todo esse tempo, venho auxiliando pessoas a desenvolverem o seu perfil empreendedor. Minha paixão pelo empreendedorismo vem da minha experiência como empresária e facilitadora líder do Empretec, um seminário internacional desenvolvido pela ONU.

Sinto que todos esses papéis convergem para o meu propósito de vida, que é fazer diferença na vida das pessoas através da mentalidade e atitude empreendedora.

Autora do programa *Pais Desnecessários, Filhos Empreendedores.*

linavalleria

contato@linavalleria.com.br

Lina Valléria

www.linavalleria.com.br

25 ATITUDE E COMPORTAMENTO EMPREENDEDOR

Por Lina Valléria

Você já se perguntou, por que algumas pessoas muito talentosas não chegam aonde poderiam? Por que pessoas que ainda não descobriram o seu talento chegam tão longe? Ou ainda, por que algumas pessoas têm sucesso e outras não? Quando me refiro a sucesso, estou falando de realização, de orgulho de si mesmo, não somente de sucesso financeiro, este, na maioria das vezes, é apenas a consequência de fazer o que se ama e como se faz isso.

Existem pessoas extremamente trabalhadoras, esforçadas, que muitas vezes ficam pouco tempo com a família, são muito valorosas, sustentam seus filhos, mas não mudam de patamar. Passam a vida no automático e quando o tempo passa, na melhor das hipóteses, estão no mesmo lugar, o que muitas vezes leva à frustração. Outras que são muito talentosas, porém não persistem diante de obstáculos, não se esforçam, desistem e desta forma não alcançam o sucesso. Ou ainda, aquelas que não conseguem dar o primeiro passo, não tem iniciativa, não acreditam em si mesmas e se paralisam diante de um desafio ou de um objetivo e até mesmo de grandes oportunidades.

É verdade que algumas pessoas têm acesso a mais oportunidades e estímulos desde cedo, mas também é verdadeiro que muitas que não tem, alcançam patamares admiráveis... O que pode mudar estas realidades descritas acima? O que falta para que estas pessoas esforçadas e/ou talentosas alcancem o sucesso?

Pois bem, a minha experiência como especialista em desenvolvimento do comportamento empreendedor me mostra uma resposta: a diferença está na maneira como você pensa e age, ou seja, na mentalidade e atitude empreendedora. É impressionante a transformação que este comportamento causa na vida das pessoas e nas empresas. Ser empreendedor é uma maneira diferente de se posicionar diante da vida, é puxar para si a responsabilidade de mudar a sua realidade e partir para a AÇÃO!

Muitas pessoas, por não terem esta consciência, acreditam que este tipo de mentalidade e atitude se reservam apenas ao mundo dos negócios. Até mesmo muitos empresários, apesar de extremamente dedicados, não tem esta consciência. Quando chamo de empreendedores, são todas as pessoas que têm um esse perfil, não importa a sua área de atuação. Inclusive, incluo aqui os funcionários de empresas que são os intraempreendedores, aquelas pessoas que fazem diferença no ambiente que estão.

Na verdade, todos nós temos um perfil empreendedor, porém em estágios de desenvolvimento diferentes, todos temos pontos fortes e pontos fracos. É fundamental ter consciência de que existem características que podem ser trabalhadas e entender quais delas precisamos focar para desenvolver, para que cada vez mais impactem os nossos resultados e a nossa vida! Para que isto aconteça, não tem segredo, é preciso praticar!

Mas como desenvolver a mentalidade e atitude empreendedora?

O primeiro passo é descobrir quais são os seus pontos fortes e fracos. Pense em situações que você teve sucesso e outras que não teve. O que você fez que te ajudou a alcançar seus objetivos? Ou, o que faltou no seu comportamento para que você tivesse um resultado diferente em uma determinada situação, ou na sua vida?

Para responder a estas perguntas, selecionei algumas características empreendedoras, que vão te ajudar a sair do lugar e começar a mudar a sua realidade atual.

A primeira característica empreendedora, que é fundamental para que mudanças aconteçam, é a **autorreponsabilidade**. Sem ela, nada muda. Imagino que você conheça alguém que pense que todos os resultados negativos que acontecem na vida dela, a culpa é sempre de outra pessoa ou de circunstâncias externas. Desta forma, ela acredita que não precisa mudar, pois a responsabilidade não é dela. Circunstâncias externas existem e podem afetar negativamente os resultados, mas a questão é: o que **você** pode fazer para mudar o seu resultado, a sua realidade? É simples entender! Se a responsabilidade é sua, você terá que agir, que mudar, que se mobilizar para alcançar o que de fato é importante para você. Lembre-se de uma situação em que você não teve o resultado que gostaria, o que você poderia ter feito de diferente, como poderia ter se comportado para ter um resultado melhor? Se você consegue fazer esta leitura e identificar a sua responsabilidade, com certeza fará diferente de uma próxima vez, isso realmente muda o jogo.

A partir do momento que você tem claro que ter autorresponsabilidade impacta diretamente nos seus resultados, o próximo passo é **saber aonde quer chegar**. O que de fato é relevante para você? Quais são os seus objetivos? Isso vai fazer com que você saia do automático, que não seja coadjuvante, mas sim, o protagonista da sua vida.

Ser protagonista da sua vida quer dizer que você define aonde quer chegar e escolhe o seu caminho, não deixando que a vida te leve para qualquer lugar. É direcionar as suas ações ao invés de entrar no automático, não sentir o tempo passar e depois ficar frustrado por não ter saído do lugar.

Por isso, é importante **estabelecer objetivos**. E o primeiro passo é se fazer algumas perguntas: o que realmente importa para você? O que vai fazer com que se sinta realizado e que tenha orgulho da sua trajetória? Estas respostas te trazem para o centro, para o foco do processo e direcionam o seu dia a dia. Para isso, é preciso que estabeleça objetivos que sejam realmente relevantes para você, com data para acontecer e sempre coloque tudo por escrito.

A partir do momento que estes objetivos estiverem claros, é hora de planejar a sua jornada. Um **planejamento** bem-feito, vai direcionar suas ações no dia a dia para que você chegue aonde quer a longo prazo. Ou seja, desmembre este objetivo em metas menores, com prazos definidos e monitore, isso fará toda a diferença. A partir daí, faça! Comece! Tenha **iniciativa** e dê o primeiro passo. Lembre-se: "Se fizer perfeito, é porque fez tarde." Ou seja, se movimente, saia do lugar!

Percebe que fazendo isto, você estará definindo a sua trajetória e aonde quer chegar? Você estará utilizando o tempo a seu favor, que aliás é cruel, não volta atrás...Por isso, é preciso saber aproveitá-lo de forma inteligente. Não importa a sua fase de vida, sempre é tempo de ajustar as suas ações, desenvolver o seu comportamento, ter claro o seu propósito e assim trazer mais sentido para a sua vida.

Você pode estar pensando:"Então quer dizer que a partir daí tudo vai sair conforme o previsto?" Claro que não... Principalmente por traçar objetivos desafiantes e por não ser possível controlar todas as variáveis, vão surgir imprevistos e obstáculos. Mas é exatamente aí que você vai precisar praticar a sua **persistência** e **comprometimento**. Lembra do exemplo que comentei, das pessoas que são muito trabalhadoras e no fim das contas não mudam seu patamar, ou pessoas que não persistem diante dos obstáculos e desta forma param no meio do caminho? Aqui, o que proponho é exatamente o antídoto para estas duas realidades. Se você tiver claro os seus objetivos, eles trarão sentido para a sua persistência e seu comprometimento. É tão importante para você alcançá-los, que isso vai te mobilizar para agir, você vai se ver fazendo esforços e sacrifícios que não faria se não fosse tão relevante aonde quer chegar, é aí que a "mágica" acontece! Ninguém vai te segurar!

Consegue imaginar como você vai se sentir a partir daí? Muito mais **autoconfiante**. A autoconfiança é uma característica fundamental para todos nós. A falta dela abala muito a nossa vida profissional e pessoal. Porém, ela não é uma simples decisão e sim, uma construção. Perceba que quanto mais você tiver claro os seus objetivos, se planejar, enfrentar os obstáculos, no final, com certeza estará muito mais confiante, acreditará muito mais em si mesmo. Uma confiança consistente, pois foi construída através das suas ações, decisões e resultados. Quando me refiro a **autoconfiança**, nada tem a ver com prepotência, muito pelo contrário, mas sim com ter a consciência de que pode mudar os seus resultados, que você tem capacidade e que, para isso, precisa mudar a forma de pensar e de agir, colocando em prática as características empreendedoras.

Por ter tão forte essa convicção - esta crença que a mentalidade e atitude empreendedora mudam a vida das pessoas, independente da idade e da personalidade - acredito que os pais deveriam se esforçar para desenvolver algumas destas competências empreendedoras em seus filhos desde cedo. É fácil entender: quantas pessoas não gostariam de ser mais disciplinadas, comprometidas, ter mais autonomia e ser mais autoconfiantes? O quanto isso mudaria a vida delas? E quanto esforço é feito para desenvolver essa forma de pensar e agir na vida adulta? Então, por que não desenvolver estes e outros comportamentos na infância e adolescência?

Imagine o seu filho mais autoconfiante, como conseguiria tomar melhores decisões, o quanto a vida dele seria mais leve e realizadora agora e no futuro... E muitas vezes, na melhor das intenções, os pais replicam nos filhos a forma como foram educados e sem perceber estimulam características que não serão positivas para a vida deles. Não há outro caminho, se não é desenvolvido desde cedo, estes comportamentos não aparecerão no futuro de uma hora para a outra. Isso com certeza transformará a vida do seu filho, a sua e de sua família. Compreendeu a mudança que você pode fazer na sua vida e de seu filho através da mentalidade e atitude empreendedora?

Se sim, comece a praticar desde agora!

A jornada empreendedora é cheia de desafios, mas pode ser extremamente realizadora, só depende de você! O que não der certo, ajuste e refaça, mas não desista, se movimente!

A mudança só vai acontecer se você AGIR!

Foi um prazer fazer parte desta sua caminhada!

Espero reencontrá-lo em outras oportunidades!

Sucesso e conte comigo!

"

Autorresponsabilidade, isso muda o jogo!

Lina Valléria

"

Lisiane Davi

Nasci em Monte Carmelo/MG e em 2013 mudei para Uberlândia/MG, onde comecei a trabalhar em uma agência de publicidade. Me formei em Marketing e em seguida, me pós-graduei em Design Thinking.

Em 2019, mudei para São Paulo e abri minha agência de publicidade. Em 2022, comecei a oferecer consultorias e mentorias para empresários. Desde que entrei no meio, em 2013, já atendi a mais de 500 empresas dos mais diversos nichos.

Sou defensora de que o conhecimento pode mudar o mundo, por isso estou sempre me atualizando com os maiores players do mercado nas áreas de marketing digital, *neuromarketing*, empreendedorismo, design *thinking*, vendas e marketing.

Me acompanhe nas redes sociais:

lisianedavi

www.lisianedavi.com.br

+55 (34) 99926-7914

26 CRIANDO UMA ESTRATÉGIA DE MARKETING EFICAZ

Por Lisiane Davi

Lembro-me como se fosse ontem do dia em que descobri o quão importante é uma estratégia de marketing eficaz. Era um dia normal de trabalho, quando uma empresária me ligou completamente desesperada. Ela havia investido todo o dinheiro para montar sua loja, mas não conseguia atrair clientes suficientes para fazer o negócio deslanchar. Foi então que percebi o poder que o marketing pode ter na vida de um empreendedor.

Ajudei essa empreendedora a criar uma estratégia de marketing sólida e, em pouco tempo, seu negócio estava prosperando. Desde então, me dedico a ajudar outros empresários a conquistarem sucesso em seus negócios por meio de uma estratégia eficaz e personalizada. Marketing vai muito além do digital. Marketing de verdade resolve problemas, gera valor e fideliza clientes e é seu dever fazer isso com maestria. É por meio dele que as empresas conseguem se destacar em um mercado competitivo, atraindo a atenção de novos clientes e mantendo a fidelidade dos antigos.

É por isso que eu reuni todo o conhecimento que aprendi em todos os meus anos de experiência e nas centenas de cursos que eu já fiz e livros que li para ajudar você a criar uma estratégia de marketing eficaz através de 5 pontos muito importantes:

1. Conheça seu público-alvo

Isso inclui saber quais são as necessidades, desejos e comportamentos dos seus clientes em potencial. Uma outra forma de fazer isso é através do *design thinking*. Embora o processo possa variar dependendo da equipe e do projeto, a definição do público geralmente inclui:

- Empatia: através de pesquisas de mercado, entrevistas com clientes, observação de comportamentos e análise de dados, você consegue se colocar no lugar do cliente a fim de entender suas necessidades, desejos e comportamentos.
- Definição: com base nas informações coletadas na fase anterior, a empresa deve definir o problema que deseja resolver, evitando soluções genéricas e ineficazes.
- Ideação: nessa fase, as técnicas de *brainstorming* em grupo podem ser muito úteis para gerar uma grande quantidade de ideias que atendam às necessidades e desejos definidos anteriormente.

2. Defina seus objetivos

Deixe claro o que você deseja alcançar com sua estratégia de marketing: como aumentar as vendas, aumentar a conscientização da marca, gerar *leads* qualificados ou melhorar o engajamento do cliente. Para isso você pode seguir algumas etapas:

- Analise dados de mercado, identifique tendências e observe o que seus concorrentes estão fazendo. Isso ajudará a definir objetivos realistas e a desenvolver uma estratégia que se destaque no mercado.

- Defina objetivos específicos e mensuráveis. Em vez de dizer "aumentar as vendas", seja mais específico, por exemplo: "aumentar as vendas em 30% no próximo semestre". Isso permite que você avalie o sucesso da campanha e faça ajustes, se necessário.

- Defina objetivos realistas que levem em conta o tempo e o orçamento disponíveis para a campanha. Não adianta definir objetivos ambiciosos se eles não puderem ser alcançados dentro dos limites de tempo e orçamento.

- Identifique quais objetivos são mais importantes e priorize-os. Em seguida, crie uma lista de objetivos secundários que podem ajudar a alcançar os objetivos principais.

3. Escolha os canais de marketing

Ao fazer sua escolha de por onde sua empresa irá se comunicar para promover seus produtos ou serviços, é importante considerar onde está seu público-alvo, o orçamento disponível e os objetivos de marketing que você estabeleceu. Além disso, é possível utilizar uma combinação de canais para obter resultados mais eficazes e alcançar um número de pessoas ainda maior. Aqui estão alguns dos canais mais comuns:

- Offline - São as formas tradicionais de comunicação que não envolvem a internet. Embora muitas empresas estejam focando cada vez mais no digital, os canais de marketing offline ainda são eficazes para alcançar certos públicos-alvo e atingir objetivos específicos de marketing. Aqui estão alguns exemplos:

Televisão - Uma forma tradicional de publicidade em massa que pode ser utilizada para alcançar um grande público. Ela é particularmente eficaz para produtos ou serviços de consumo em massa, onde a consciência da marca é importante.

Rádio - Os anúncios de rádio são particularmente eficazes para produtos ou serviços locais, onde a comunicação com a comunidade é importante.

Jornais e revistas - São eficazes para alcançar públicos-alvo específicos, sendo particularmente eficazes para produtos ou serviços de nicho, onde os consumidores estão interessados em informações detalhadas sobre um produto ou serviço.

Eventos - Participar de feiras e exposições são uma forma de marketing offline que pode ser usada para interagir diretamente com clientes em potencial e construir relacionamentos. Eles são particularmente eficazes para produtos ou serviços que exigem demonstração ou para empresas que desejam construir relacionamentos pessoais com seus clientes.

- Digital: tornou-se cada vez mais importante para as empresas nos últimos anos, já que a maioria das pessoas passa grande parte do tempo na internet, e essa é uma das melhores maneiras de alcançar um grande público-alvo de forma eficaz e econômica uma vez que você atinge um público segmentado e em alta escala.

Marketing de conteúdo: também chamado de *inbound marketing*, ele envolve a criação e distribuição de conteúdo relevante e valioso para atrair e engajar um público-alvo específico. Isso pode incluir *blogs*, vídeos, infográficos, *e-books*, entre outros. O objetivo é atrair os clientes de forma orgânica, por meio de conteúdo relevante e de qualidade, e em convertê-los em clientes leais a marca por meio de relacionamentos duradouros.

Mídias sociais: é o canal de marketing que mais se usa hoje em dia. O objetivo desse tipo de marketing é promover produtos, serviços ou marcas, gerar leads qualificados, aumentar a conscientização da marca e, em última análise, impulsionar as vendas através de ferramentas como Facebook, Instagram, Twitter e LinkedIn. Além disso, é possível compartilhar conteúdo, interagir com os clientes e construir uma comunidade em torno da marca.

E-mail marketing: uma forma de comunicação direta que envolve o envio de mensagens de e-mail personalizadas para um público-alvo. Pode ser usado para promover produtos, fornecer informações sobre a marca e manter os clientes atualizados sobre promoções e eventos.

Marketing de busca: envolve a criação de anúncios pagos em motores de busca como o Google para direcionar o tráfego para um site. Isso pode ajudar a aumentar a visibilidade da marca e atrair clientes em potencial que estão procurando produtos ou serviços semelhantes.

4. Crie uma mensagem clara e concisa

A mensagem deve facilmente compreensível pelo seu público-alvo e consistente em todos os canais de marketing que você usa.

Uma das formas de fazer isso, é utilizando técnicas de *neuromarketing* que utiliza técnicas de neurociência para entender como o cérebro processa a informação e toma decisões de compra e pode ajudar as empresas a criarem campanhas de marketing mais eficazes. Algumas dicas são:

- Use gatilhos emocionais - O cérebro humano é muito mais propenso a tomar decisões com base em emoções do que em fatos ou lógica. Por isso, é importante usar histórias emocionantes, cores vibrantes e imagens que criem conexão emocional com o público.
- Simplifique a mensagem - O cérebro humano é limitado em sua capacidade de processar informações. Use frases curtas e simples e evite jargões ou linguagem técnica.
- Utilize técnicas visuais - O cérebro humano processa informações visuais muito mais rapidamente do que informações escritas ou verbais. Por isso, é importante utilizar técnicas visuais, como imagens e vídeos.
- Foque no benefício do produto - Em vez de se concentrar nas características do produto, foque nos benefícios que ele traz para o consumidor.
- Use a personalização - Utilizar técnicas de personalização em suas mensagens de marketing, como o uso de nome do cliente, recomendações personalizadas e ofertas exclusivas.

5. Acompanhe e avalie o seu desempenho

Use dados e análises para fazer ajustes e melhorias ao longo do tempo. Isso garantirá que a estratégia de marketing seja otimizada para atender aos objetivos da empresa. E aqui entra as outras duas fases do design thinking citado anteriormente:

- Prototipação: Crie uma versão menor da campanha desenvolvida e teste em pequena escala e veja se obtém os resultados desejados.
- Teste: Como o protótipo da campanha com resultado positivo, é hora de aplicá-la em larga escala e ver os resultados.

Para avaliar os resultados de forma eficaz, existem algumas maneiras práticas simples que incluem usar ferramentas de análise: como o Google Analytics, que permitem acompanhar métricas específicas em tempo real; acompanhar o engajamento nas redes sociais através dos *insights* fornecidos pelas próprias plataformas; realizar pesquisas de mercado é uma maneira eficaz de obter *feedback* direto do público; analisar o ROI (Retorno sobre o Investimento) para avaliar se os custos da campanha estão sendo cobertos pelo aumento das vendas ou outros resultados financeiros.

Então, não se esqueça: é importante considerar todas essas abordagens e escolher as mais adequadas para as necessidades da empresa e do mercado em que atua. Caso você não tenha uma equipe dedicada para fazer isso em sua empresa, considere contratar um consultor de *marketing* que esteja atualizado com as tendências atuais.

Tudo isso que trouxe aqui para você não vai fazer diferença nenhuma se você não colocar em prática. Por isso, desafio você a pegar um papel e uma caneta e reler esse capítulo escrevendo todos os *insights* que você teve em cada ponto. Pense em formas de colocar isso em prática e, se tiver alguma dúvida, me envie em qualquer rede social "SOS empreendedor" que eu vou te ajudar!

"Marketing vai muito além do digital. Marketing de verdade resolve problemas, gera valor e fideliza clientes, e é seu dever fazer isso com maestria.

Lisiane Davi"

Mara Mello

Mara Silvia de Mello Moraes, empresária, frente à empresa Terra & Sol Confecções. Há 30 anos no ramo de confecções de uniformes personalizados, padronizados. Em 2005, recebi o prêmio Personalidade Empreendedora do Paraná, na Assembleia Legislativa do Estado do Paraná – FOTRAPAR – Fundação Força Trabalhista do Paraná.

De 2003 a 2006, fui presidente da Associação Comercial Industrial de Jacarezinho. Em 2009, recebi o prêmio Guerreira do Comercio, do Sistema Fecomécio Sesc/Senac. De 2009 a 2011, fui presidente da Câmara da Mulher Empreendedora de Jacarezinho.

Em 2014, recebi o prêmio Mulher Empreendedora da Câmara da Mulher Empreendedora e Gestora de Negócios Sistema Fecomércio-PR. De 2022 a 2026 fui presidente do Sindilojas –Sindicato Patronal e Diretora das Relações de Trabalho da Federação do Comércio - Fecomércio PR.

maramellomoraes

Mara Mello Moraes

+55 (43) 9659-1072

27 DEFINDO O QUE É EMPREENDEDORISMO

Por Mara Mello

O empreendedorismo não é apenas a competência de criar um negócio do zero e fazer com que ele gere valor de forma positiva, vai muito além disso. Posso dizer que é a forma de realizar um sonho com o foco em fazer o que mais se gosta transformando vidas e juntos crescerem com o mesmo objetivo. Quando pensamos em empreendedorismo, temos que pensar o que realmente isso significa para podermos realizar esse sonho de empreender.

Pensando assim, estou há 30 anos à frente da empresa Terra & Sol Confecções, empreendendo e renovando a cada mudança de mercado. Cada desafio um aprendizado, levando em consideração essas experiências de forma leve, aproveitando para melhorar a cada dia nos negócios.

Quando passamos por essa pandemia (Covid-19), pude perceber que os verdadeiros empreendedores iam resistir à tamanha tragédia que atingia o país e o mundo, afinal, empreendedorismo é assumir riscos. Sendo assim, reinventamos, inventamos, mudamos os nossos conceitos de negócio para suportar essa crise que não era só nossa, mas de toda uma população, tentando sobreviver a tal pandemia. Como sempre, parti do princípio que tudo que acontece é para desenvolver nosso crescimento, nossa resiliência, habilidades e essa foi mais uma experiência de reinventar dia a dia.

Assumir risco faz parte da rotina de um empreendedor e se pararmos para pensar, desde que acordamos já estamos empreendendo de alguma forma, desde os tempos primórdios já tivemos um grande empreendedor onde devemos nos inspirar, nosso amigo de todas as horas, JESUS CRISTO. Nasceu em um estábulo, não frequentou uma faculdade, era carpinteiro de profissão, não tinha uma equipe de marketing, não possuía exércitos, entretanto, tornou-se o maior empreendedor da história. Com Ele aprendi o melhor de mim em empreender e Ele nos ensina que podemos empreender, basta termos coragem, prazo para executar e uma equipe indo sempre na mesma direção sem perder o FOCO.

Foco este que na minha caminhada de empresária me perdi algumas vezes, até aprender uma palavra que jamais vou esquecer: "âmago", que significa ter o empreendedorismo no fundo, no interior na alma com objetivo bem definido, a ponto de convergência quando dizemos que estamos fora do foco, ainda que a imagem não esteja nítida, por isso empreender determina alcançar ou atingir uma meta, tendo prioridade em fazer algo não desvirtuando para outro caminho. Sempre tive em mente que para empreender é difícil chegar ao topo, pois sempre estamos a buscar algo inovador devido as mudanças que o mundo nos oferece e a velocidade que tudo acontece, temos que estar sempre nos eixos, pois as informações são necessárias para crescimento do empresário.

Minhas experiências

Nesses anos de experiência, outras crises aconteceram, como a desvalorização do real ou "efeito samba", em janeiro de 1999, foi um forte movimento de queda da moeda. De 2007 a 2008 teve início nos Estados Unidos a crise financeira global, os efeitos levaram tempo para serem sentidos no Brasil, contudo, ouve uma desaceleração da economia nacional, onde tivemos que nos reinventar novamente, em produtos, visão e permanecer no novo mercado estabelecido no país.

Tudo superado e gostando de correr os riscos e desafios que o mercado oferece, veio a força da natureza com um raio e destruiu tudo, empresa em chamas em menos de 45 minutos, com um fogo que nem a chuva que caía e os bombeiros conseguiam apagar.

Como sempre, o empreendedorismo falando mais alto e a equipe pronta para recomeçar, reiniciamos de mãos dadas mais esse grande desafio, eu sabia que este não dependia de melhora do governo e sim, do bom desempenho em equipe para reconstruirmos. Com uma nova expectativa dos desafios, o que sempre fez parte do mim junto com pessoas que sonharam comigo, sabendo desenvolver a autoconfiança em cada um de nós.

Sempre me falaram que as coisas para melhorarem têm que piorar, para que possamos enxergar além das fronteiras e foi isso que aconteceu. Tudo melhorou e o crescimento empresarial foi o maior. Tendo sempre em mente Jesus Cristo, porque para podermos vencer temos que estar em equipe, que o verdadeiro empreendedor precisa de uma equipe que se doe para o sucesso de todos. Tomada de decisões é um ato de coragem desafiando sempre a segurança, isso nos torna mais fortes, os bons líderes olham sempre em frente, às vezes com medo, mas com a coragem para enfrentar e acompanhar as mudanças, pois isso nunca nos falta bravura, afinal, liderar significa estar pronto a ensinar passando ideias e valores. Em menos de 6 meses, tudo reconstruído: empresa, objetivos e equipe pronta para mostrar que juntos somos mais fortes. Mais uma etapa vencida.

Felicidade empresarial

O empreendedorismo não é somente levar tudo a sério, temos que ser leves e transformar nosso local de trabalho em tranquilidade e cumplicidade sejam quais forem as circunstâncias. O líder e os colaboradores têm que sentir orgulho de si mesmo, tirar esse diagnostico que para ser feliz têm que estar em viagem, festa de aniversário ou festa de final de ano; nosso dia a dia em empreender tem que ser feito com muita alegria, afinal, estamos fazendo aquilo que escolhemos, liderar uma empresa onde agrega pessoas com o mesmo fim.

Importância do empreendedorismo

Quando nos desafiamos a empreender, percebemos o quão importante e essencial é para uma sociedade, pois através dele que as empresas buscam inovação transformando conhecimentos e ideias em novos produtos, contribuindo com a economia, criando mais oportunidades de empregos, gerando assim riquezas e aumentando a circulação de produtos.

Sempre tive a impressão de que quanto mais busco inovação, mais me realizo com os desafios encontrados, são detalhes com responsabilidades e passos significativos para tornar uma empresa próspera e feliz. Para que tudo isso aconteça, temos que ter confiança e de braços dados com a disciplina estabelecendo prioridades voltadas à empresa, satisfazendo a equipe e principalmente o olhar dos nossos clientes.

Falando em clientes, eles são a peça-chave para o grande sucesso, temos que criar a fidelização, ser uma empresa de sucesso com visão futurista, fazendo com que eles voltem sempre e a cada dia buscando novos. Hoje, usamos muito a inteligência artificial para buscar o perfil do cliente que queremos investir. Gosto muito de uma frase do livro "Antologia da vida Corporativa", de Darci Piana e Rubens Fava "*O de aprender a desaprender para, só depois, aprender a aprender algo novo*".

Procurando e aprendendo algo novo para poder desenvolver cada vez mais o empreendedorismo e nunca brincar de empreender, pois tenho visto neste cenário pessoas abrindo empresas e em poucos meses fechando, sem nenhum conhecimento e falta de planejamento estratégico, usando assim uma gestão ineficaz, transformando o sonho em frustração. Por isso, temos que ter uma conduta eficaz com motivação e um entusiasmo que vem de dentro para fora, naturalmente.

O empreender não depende apenas em fazer e sim *como* fazer para acontecer. O bom êxito do empreendedorismo deve-se ter postura, atitude e muita sabedoria, buscando parcerias que vão agregar positivamente na empresa. Quando comecei a empreender sempre busquei parceiros como SEBRAE, com cursos, varejo, Empretec e parcerias com fornecedores e bancos; dessa forma, correndo riscos, mas sempre com o conhecimento e qualidade dos produtos a serem vendidos alcançando os objetivos traçados.

O melhor jeito para alcançar o sucesso é ter o desejo de dar o melhor de si em tudo que se faz e para chegar a ser vitorioso, precisa ver o que não está visível, assim você saberá como deve aplicar o melhor na sua empresa.

Muitos empreendedores ficam esperando as coisas acontecerem ou ficam no seu escritório esperando algo novo, sendo que a chave do negócio é a disposição em agir, sem ações não tem como chegarem ao sucesso. Temos que ter planos com alternativas para situações imprevistas, pois muitas coisas acontecem no caminho, até em nossa vida normal do dia a dia acontece essas mudanças, por isso é tão importante termos uma carta embaixo da manga e sempre valorizando as pessoas que estão juntas conosco, pois assim construímos uma equipe forte, capaz de produzir trazendo excelentes resultados.

Devemos usar nossa inteligência para resolver situações difíceis que acontece na empresa, existe uma frase que diz "nada se cria e tudo se copia, mas a algo que não tem como o concorrente ou outra pessoa copiar é sua inteligência , então busque o q você tem de melhor, seja com vitorias ou fracasso, mostrando a si mesmo que o segredo do sucesso é estar sempre inovando, renovando e fazendo a diferença e mostrando que a vitória é certa quando se faz tudo com sabedoria e com muita estratégia.

Os verdadeiros empreendedores são pessoas que quando se deparam com uma crise, já identificam oportunidades de negócios e transformam isso em uma grande realidade, eles têm uma visão clara e bem definida, com objetivos e metas a longo prazo, incluindo entender o mercado em que a empresa atua e as tendências, podendo tomar decisões mais informadas e eficazes em relação ao futuro do negócio. Possuem a capacidade de antecipar o futuro e um plano para chegar lá, sem perder o foco para alcançar os objetivos desejados.

Outro assunto muito importante para o sucesso, é o ambiente interno da empresa, temos que avaliar as forças, oportunidades, fraquezas e ameaças do negócio. Ao entendermos esses aspectos podemos tomar decisões em relação à gestão de recursos, investimentos e estratégias de marketing e sempre toda a equipe de colaboradores, eles devem entender a visão e os objetivos da empresa para poderem contribuir para a realização e estarem preparados a ajustar as mudanças. Para encerrar esse bate papo sobre empreendedorismo, gosto muito dessa frase do escritor e *coach* Tiago Brunet:

"Vamos ser empreendedores como Jesus foi: descobrir o propósito, preparar-nos para missão, formarmos uma equipe, cumprirmos o prazo de execução e sermos estratégico na geografia da missão."

> "Para superar desafios empresariais precisamos manter o foco e encarar o medo com muito arrojo, vencendo a nós mesmos."
>
> Mara Mello

Michel Costa

Meu nome é Michel Costa, nasci em Ituiutaba/MG, tenho 38 anos, sou pai da princesa Liz, marido da Bruna, filho da dona Sirley, a qual dedico esse conteúdo. Sem ela absolutamente nada seria possível, esse projeto é fruto de uma carreira de determinação, entrega e principalmente uma forte atitude mental.

Profissionalmente, tenho quase duas décadas de experiência nas áreas de vendas, marketing, *trade marketing*, consultor de negócios. Nessa trajetória fiz parte das empresas mais valiosas do mundo, como Red Bull, Ipiranga, Samsung, Epson, AmPm, Cervejarias e Grendene.

Sou formado em Marketing, com especialização em *Trade Marketing*, *Business Coach* e também sou palestrante Sebrae.

Minha missão é contribuir.

michel.h.costa

michel.tjconsultoria@gmail.com

Michel Costa

+55 (34) 99221-3000

28 COMUNICANDO-SE DE FORMA EFICAZ UTILIZANDO O NEUROMARKETING

Por Michel Costa

Caro leitor, imagine a seguinte situação: você no topo do prédio mais alto do mundo, Burj Khalifa, que possui 828 metros de altura e 168 andares; olhando de cima para baixo, o que você vê? No oceano vermelho de competitividade que vivemos, muito provavelmente sua marca deve estar ocupando apenas um fragmento ocular na visão do consumidor e praticamente nenhum espaço relevante onde realmente importa, que é sua mente. Agora inverta sua posição e se imagine em frente ao Burj Khalifa, olhando toda sua magnitude e imposição, e essa precisa ser a visão do seu cliente olhando para sua empresa.

Como sua marca está posicionada na cabeça do consumidor? A grande maioria não sabe, existe um abismo enorme entre como você, empreendedor, acredita que sua marca esteja se comunicando e como ela, de fato, está construída na mente do consumidor. Vivemos na era da informação, somos bombardeados a todo instante por propagandas em diversos veículos de comunicação, gerando um descarte seletivo natural do nosso cérebro cada vez maior e para se destacar em meio à toda essa guerra de informações, a resposta é atingir a mente do consumidor.

Mas afinal, o que é Neuromarketing? Como produzir dopamina, serotonina, adrenalina, noradrenalina e cortisol? Isso é Neuromarketing, uma mistura de psicologia, marketing e química, o casamento do marketing com a ciência, baseado em estudos científicos comportamentais sobre os desejos, pensamentos e sentimentos subconscientes que levam aos impulsos das decisões de compras tomadas diariamente, desde um simples cafezinho até um jato luxuoso.

As consequências de uma comunicação ineficiente vão desde o seu cliente potencial não te conhecer, até a desintegração do seu negócio. Vários pontos devem ser observados, como a falta de conexão com a marca, fragilidade frente a concorrência, ficar refém de preço e ser obrigado a queimar suas margens por não ter uma comunicação clara na mente do seu cliente - exceto se seu produto for uma *commodity* e sua estratégia for o menor preço, o que é um perigo em praticamente todos os seguimentos, clientes que vem por preço, por preço se vão.

É necessário criar valor em toda a jornada do consumidor e para que isso aconteça, você precisa conhecer a fundo quem é o seu cliente e o cliente do seu cliente, quais as soluções ele busca em seu produto, podendo assim construir uma comunicação estratégica fazendo uso da arma mais poderosa utilizada pelas grandes empresas, o Neuromarketing. Passei pelas empresas mais valiosas do mundo, entre elas: Red Bull, Samsung, Epson, Ipiranga, cervejarias nacionais e internacionais, e grande parte do sucesso dessas gigantes te afirmo que é o posicionamento na mente do consumidor.

Mas afinal, como "sequestrar" a atenção das pessoas? Vou te dar cinco dicas de ouro para se diferenciar na comunicação utilizando o Neuromarketing, sendo que a terceira é a mais utilizada por empresas e pessoas de alta performance em vendas, mas antes vou te lembrar que existem quatro formas de comunicação: verbal, não verbal, visual e escrita.

Primeira dica de ouro

Efeito Zeigarnik - acabei de utilizá-lo no parágrafo acima. É uma forma de reter sua atenção para continuidade do processo. Quando eu digo que vou te dar cinco dicas de ouro, sendo que a terceira é a mais utilizada por empresas de alta performance e, em seguida te lembro que existem quatro formas de comunicação, acabei de aplicar este efeito. Este processo cognitivo ativa um looping mental de uma tarefa inacabada que nos incomoda até sua conclusão, uma forma de retenção da atenção.

Segunda dica de ouro

Storytelling - as histórias conectam e principalmente emocionam as pessoas, se comunicar através da imaginação facilita a absorção das informações gerando forte engajamento, criando assim uma experiência de marca memorável para seus clientes. Na Ipiranga, o bordão "Pergunta lá no posto Ipiranga" foi um *storytelling* criado para atrair a atenção do cliente mostrando que posto de combustível pode ter tudo o que você precisa; a marca cravou bandeira na mente dos consumidores, alavancando ainda mais os seus resultados. Para ter um forte impacto de retenção, sua história precisa ser elaborada em fases, personagem, enredo, narrativa, datas e locais. As histórias precisam conectar com o público-alvo, utilizando uma comunicação fácil e familiar.

Terceira dica de ouro

Gatilhos mentais - quando você os insere corretamente na comunicação, a probabilidade de êxito na fixação da mensagem é muito maior. Alguns gatilhos devem ser utilizados em praticamente toda jornada de comunicação, são eles: o gatilho da autoridade te da propriedade no assunto, gerando confiança na sua marca; o gatilho da prova social é o impacto gerado através de sua empresa; o gatilho do compromisso trata-se de se propor uma ação e executá-la, o cliente se relaciona com quem gera confiança; o gatilho da prova são depoimentos de pessoas que aprovaram seu produto ou serviço; e o gatilho da afeição através do qual você precisa se comunicar de forma relacional para depois fazer negócios, não inverta a ordem.

Quarta dica de ouro

Psicologia das cores. Como funciona o comportamento humano quando o assunto são as cores? Quais são as paletas de cores ideais para o seu seguimento? É fundamental ter esse direcionamento de comunicação visual, pois as cores remetem mensagens diretas ao nosso cérebro. Vamos de exemplo: Red Bull utiliza vermelho e amarelo, que representa vitalidade, energia, velocidade e paixão. A psicologia das cores é fundamental no processo de decisão do consumidor, a cor vermelha quando destacada em ações, desperta o senso de urgência.

Se você tem um negócio no seguimento de saúde alimentar, por exemplo, um restaurante de comida natural, o azul e o verde transmitem a segurança de lugar saudável, confiável e natural. Se o seguimento for fast-food, já são outras paletas que vão atrair inconscientemente a atenção do consumidor. As cores usadas pelo McDonald's e pelo Buguer King (amarelo e vermelho) incitam psicologicamente urgência, fome e sede. A Coca-Cola também utiliza a cor vermelha.

A assertividade na mentalidade do empreendedor é o que muda o jogo. Já ouviu aquela frase clichê, "Você nunca terá uma segunda chance de causar uma primeira boa impressão"? Trazendo para o mundo dos negócios chama-se efeito halo, julgar uma pessoa ou objeto por conclusões rasas. Pesquisas apontam que o processo de tomada de decisão na compra leva em torno de 2,5 segundos, ou seja, sua comunicação é que dita o sucesso do jogo, lembre-se, comunicação verbal, não verbal, visual e escrita. Para ocupar um lugar de destaque na mente do consumidor você precisa de métodos e ferramentas poderosas através da comunicação.

A falta de uma mentalidade empreendedora é a receita certa para o fracasso nos negócios. Como consultor de negócios, vejo todos os dias empresários adiando o inadiável, evitando o inevitável, para jogar o jogo dos vencedores é preciso estruturar, capacitar, inovar, ser ousado e arriscar. Não se torne um empreendedor obsoleto, senão o mercado vai te engolir, com essa velocidade de transformação na comunicação, você precisa aprender e desaprender na mesma velocidade, com a licença poética de Guimarães Rosa "o animal satisfeito dorme" e dormir na selva é sinônimo de virar comida.

Em minha trajetória pela Red Bull, tenho inúmeros cases para compartilhar sobre como influenciávamos nossos clientes, externos e internos, através do Neuromarketing. A essência da Red Bull é gerar experiência de consumo, por isso os eventos, atletas e equipes mais renomados do mundo fazem parte dessa marca icônica. Despertar o desejo de consumo na mente das pessoas mediante vários canais, gerando experiência através da comunicação, é algo raro e altamente valioso. Em datas comemorativas, para determinados clientes, enviávamos geladeiras personalizadas com grafites únicos, camisetas autografadas por pilotos da escuderia de F1, ou até melhor, imagina acessar o box da equipe e sentir a adrenalina dos motores frente a frente? Mas você deve estar se perguntando: o que isso tem de ligação com a comunicação? Muito mais que você imagina. A Red Bull está em todos os locais seguindo o mesmo posicionamento de comunicação, da equipe de F1 até o restaurante que você frequenta no final de semana, a marca está concretizada na mente do consumidor. Estamos falando de grandes empresas pelas quais vivi anos da minha vida, e digo, elas só são verdadeiramente grandes pois se comunicam com a mente dos seus clientes. As discussões mais importantes dentro das grandes empresas são para blindar e proteger sua marca, isso cria um diferencial competitivo à forma de se comunicar e se posicionar, é preciso ter clareza de como está sua "voz" empresarial na cabeça do seu público.

Pare por alguns segundos e reflita: o que sua empresa está entregando ao mundo? Como está seu poder de influenciar, engajar e impactar as pessoas? Quais são os atributos da sua marca? Todas essas perguntas são fundamentais para que você defina ou redefina sua rota. O alinhamento da mensagem da sua comunicação precisa ser estrategicamente pensado, quem você quer atingir e qual será o impacto gerado através da sua mensagem, isso se chama "poder de comunicação". Se eu puder te dar um conselho, seja autêntico, transmita a essência ao seu cliente, mas com absoluta excelência. Treine seu time para encantar, se comunique de forma relacional e impactante, faça a jornada do cliente uma experiência memorável, assim, impreterivelmente você conquistará não só a mente, mas também o seu coração.

Para que essa jornada seja única, você precisa que todos os setores da empresa estejam alinhados à cultura. Se a comunicação interna não estiver alinhada a externa, mais cedo ou mais tarde, você terá um grande problema. Já vivenciei equipes extraordinárias se desengajarem por falha de comunicação interna e falta de clareza nas ações. Missão, visão e valores, devem estar "tatuados" em cada assinatura de e-mail, pelos corredores da empresa e na mente dos colaboradores. A comunicação começa de dentro para fora, antes de atingir seu cliente externo é fundamental impactar o interno, e gerar experiências memoráveis em seu time.

"Se comunique de forma relacional e impactante, faça a jornada do cliente uma experiência memorável."

Michel Costa

Nadia Nobre

Economista especialista em Planejamento Profissional e de Negócios PME. Idealizadora do Planner Empreendedor, atua como mentora com foco na construção do plano de crescimento, análise de cenários e planejamento de projetos para pequenos e médios negócios na Humanitics, empresa de desenvolvimento humano e estratégico na qual é sócia.

Já impactou mais de 4.000 empreendedoras com seus programas, produtos, cursos, mentorias em grupo e processos individuais.

nadianobre

contato@nadianobre.com.br

www.nadianobre.com.br

+55 (11) 98829-0129

29 ESTABELECENDO METAS E OBJETIVOS CLAROS

Por Nadia Nobre

Eu sempre fui sonhadora. Quando criança, os meus sonhos tinham uma natureza mais romântica e cheia de idealizações, e com a maturidade, fui me transformando em uma sonhadora com ação.

O sonho antecede o plano e a grande mudança que queremos, pois é no sonhar que damos corpo para o que pretendemos construir.
Também sou uma planejadora intensa. Sempre vivi o planejamento na vida, a ponto de sentir que essa prática faz parte da minha característica comportamental e genética, hoje componho a proposta e *core business* do meu negócio.

Notei que, essa união de sonhos com planejamento fazia meus desejos serem realizados como um passe de mágica. Sonhava + Planejava = Realizava.
Mas a verdade é que eu escrevia um plano para cada sonho. Eu tinha um sonho, e meus sonhos tinham planos.

Sempre fui cheia de ideias e ambições. Sempre tive planos que norteavam as minhas ações e decisões na vida. No início da minha trajetória profissional, sonhava em trabalhar em uma grande instituição financeira ao terminar minha graduação de ciências econômicas. E assim aconteceu.

Hoje, tenho minha própria empresa de desenvolvimento humano e estratégico, mas por muito tempo, por exemplo, empreender não era uma opção escolhida para a minha vida profissional. E quando o plano mudou? Quando os meus novos objetivos pessoais não se encaixavam mais na minha entrega profissional que o ambiente corporativo demandava. Para o que eu queria, para os meus novos projetos, para o novo modelo ideal de objetivo e meta, era necessário "criar" o novo espaço desejado. E foi aí que o empreender entrou em questão como opção e desejo. Um novo objetivo se formava, e eu precisava criar planos para que ele se realizasse, independente do espaço.

Convertendo minha história sonhadora para uma linguagem mais técnica: eu tinha objetivos e metas, e construía um planejamento para que o plano fosse executado para alcançar o sucesso esperado, por mais que eu mudasse de planos.

Atualmente, dentro da minha proposta de trabalho, recebo demandas de empreendedores com dificuldade de planejamento e estrutura de negócio, que na prática me deparo com um problema que antecede o planejamento: a falta de objetivos claros, que dificultam o direcionamento e execução de qualquer plano.

Sem objetivo claro, não existe plano. Sem um plano, as suas ações serão aleatórias.

Esse é o poder que a clareza do seu objetivo te traz: ter um guia nas mãos para direcionar suas ações (sabendo o que precisa ser feito) e ter o combustível necessário para construir algo maior (evitando distrações e conectando constância e coerência das suas ações).

O que exatamente você quer?
Essa pergunta simples é o pontapé inicial para explorar seu entendimento e será o norteador para dar clareza ao seu objetivo e às suas metas!

O objetivo claro te direciona e te impulsiona. Fato!
Ele te dará uma visão clara do caminho que está pavimentando, ampliando seu senso de direção para o melhor trajeto rumo ao resultado esperado. Se existe uma intersecção que deveria fazer parte de toda mente empreendedora, essa seria a união da clareza com a visão. E tudo pode começar com um exercício atento de definição de objetivo e meta, onde é possível ir além, caminhando para o próximo passo da construção de um planejamento eficiente.

Mas, existe uma diferença entre objetivo e meta?
O objetivo, por mais que seja específico e direcionador, é teórico e qualitativo. Aquilo que você quer de fato, explicado de uma forma explícita em uma frase, por exemplo.

Um exercício prático que pode facilitar e dar essa clareza seria explicar seu objetivo como se fosse um projeto, simulando uma apresentação da sua ideia para uma outra pessoa. Sabe quando precisamos vender algo para alguém que não conhece o nosso produto ou serviço e precisamos ser claros na nossa mensagem para evitar confusão? Esse é um bom caminho para dar praticidade ao seu objetivo! Explicar um objetivo para que alguém compre a ideia.

Quanto à meta, gosto de associar a algo matemático e quantitativo, que vem para complementar o objetivo esperado, de modo que seja possível criar métricas de mensuração.

Esses dois conceitos associados podem nos levar a um desenho mais prático na hora de compor essa dupla dinâmica da clareza.

Não há uma técnica única e exclusiva para entender se o seu objetivo está claro, mas encontram-se disponíveis várias ferramentas que podem ajudar a trabalhar a definição estruturada dos seus objetivos e metas - e que podem auxiliar na fundamentação da sua demanda (modelos e explicações facilmente disponíveis na internet, para os autodidatas, sendo algumas delas: Análise SWOT, Método 5W2H, Objetivos e Metas Smart, Definição de Metas e Objetivos, entre outros).

Se fosse para eu selecionar a que mais se encaixa na minha forma de trabalhar um objetivo de forma clara, escolheria e indicaria aquela mais prática e simples que responda à pergunta de uma forma clara: **o que eu quero?**

Eu costumo fazer essa construção através de 2 métodos:

1) Sessão estratégica: um briefing com perguntas mais direcionadas e estruturadas para a construção de objetivos.
2) Escada de possibilidades: uma esteira de opções que deem fundamento para meu objetivo - assim como já facilita no planejamento de construção de metas e receitas.

Uma conversa estratégica bem alinhada e profissional, aliada a uma análise de possibilidades que validam meu objetivo, têm sido uma forma assertiva para a definição coerente de objetivos - e que são ferramentas que considero parte prioritária de um bom alinhamento estratégico.

Às vezes, sozinhos, não conseguimos ter esse dinamismo e praticidade na elaboração do objetivo. Um exemplo disso é o médico não suturar os próprios pontos. Ele sabe como fazer, sabe o que precisa para realizar a sutura, mas precisa do olhar, da técnica e da ausência de dor do outro profissional.

Penso de forma relativa para algumas questões do nosso negócio: precisamos de outros especialistas para nos ajudar a dar clareza e luz na empresa em áreas que não dominamos ou que precisamos de um alguém mais experiente. Por isso, indico que essas conversas estratégicas e alinhamento de objetivos e metas sejam um trabalho realizado acompanhado de um profissional com um olhar atento, que será uma espécie de sócio ou conselheiro te ajudando a dar luz ao seu foco de forma mais estruturada.

Essa compreensão e clareza te darão uma visão mais ampla de onde e como investir energia para chegar no que e onde precisa. Além disso, vários são os benefícios (para não falar necessidades), que essa objetividade trará para você e para seu negócio:

- visão de futuro clara;
- visão do plano de crescimento do negócio;
- senso de direção;
- correção de rota mais rápida;
- definição do plano de continuidade e próximos passos;
- clareza e coerência das suas ações;
- melhora a tomada de decisões;
- identificação de oportunidades;
- eficiência na decisão de investimentos e onde colocar seu dinheiro;
- planejamento eficiente e estruturado;
- melhoria na comunicação interna e externa;
- priorização de tarefas;
- evitar distrações.

A clareza do seu objetivo será importante para guiar o plano que te fará alcançar seus resultados. Esse entendimento permitirá que você continue sua caminhada empreendedora com perseverança, resiliência e responsabilidade, sem precisar queimar a ponte.

Tem uma pergunta que eu costumo fazer para meus clientes, e na grande maioria das circunstâncias não tenho um retorno imediato: Qual é a sua grande montanha pessoal e profissional? Para onde você está olhando? Esta resposta é fundamental para gerar uma demanda que permita começar a construir o plano de crescimento e plano de ação. Essa resposta pode ser a chave para trazer o objetivo para valor presente, desenvolvendo assim a percepção do que precisa começar a ser feito desde já.

Ou seja, precisamos partir de algum ponto, precisamos gerar uma demanda, e esse marco zero é o objetivo claro do que queremos, daquilo que estamos buscando. O que você quer de fato? Qual o seu objetivo?

"Se você não sabe para onde ir, qualquer caminho serve", já dizia o Gato de Cheshire em Alice no País das Maravilhas. Frase batida, mas ainda necessária nos dias atuais. Minimamente, você precisa saber o que quer da vida e o que você quer para seu negócio, proporcionando clareza e coerência nas suas ações e decisões.

Eu imagino que a nossa vida e os nossos negócios podem ser do tamanho que a nossa visão permite alcançar - sem romantização, mas com racionalidade. E o que precisa acontecer para que essa visão se torne realidade?
Resposta: Objetivo Claro + Meta Estabelecida + Planejamento + Mentalidade.

Pessoas me procuram para ajudá-las a planejar seu projeto ou negócio, mas se essa objetividade e mentalidade não estiverem presentes, não conseguiremos construir um planejamento sólido e uma estratégia de negócios. Até construiremos algo, mas a mentalidade não dará execução, e o plano irá por água abaixo.

Portanto, é preciso ter metas! É preciso ter objetivos! É preciso, nos negócios, compor esses ingredientes de uma forma estruturada, que possa ser visto, consultado e acompanhado com frequência. Inclusive, é preciso ter gestão desses indicadores.

É ilusão esperar um futuro melhor sem mudar a nossa mentalidade. A nossa mentalidade irá definir como será o nosso dia, os próximos passos e eu vou além: poderá definir como pode ser o nosso futuro.

É ilusão esperar que nasça uma árvore, sem ter plantado a semente.
Eu penso na vida como uma escada, construindo sempre a visão que me eleva de nível e esse crescimento precisa ser intencional, pois não virá por acidente ou sorte. Esse crescimento depende de mim.

"Sem objetivo claro, não existe plano. Sem um plano, as suas ações serão aleatórias."

Nadia Nobre

Paula Crem

Paula Crem nasceu no dia 17 de dezembro de 1990 e reside em São Paulo. É uma mulher afetiva, expansiva e executora. Sua jornada empreendedora iniciou em 2009, aos 19 anos, como fotógrafa.

Em 2019, se conectou com o propósito profissional de acolher, guiar e transformar vidas através de conhecimentos e experiências compartilhadas, que facilitam e aceleram a jornada da mulher empreendedora. Desde então, se posicionou como mentora de negócios e fotógrafa retratista.

paulacrem

paulacrem.foto

Paula Crem

www.paulacrem.com.br

30 APRENDENDO COM OS ERROS

Por Paula Crem

Você deve estar cansado(a) de ouvir: "- Você precisa aprender com os erros para atingir o sucesso", mas nunca te contam o real motivo do porquê dessa chave poderosa, não é mesmo? Eu precisei chegar no fundo do poço, financeiro e emocional, para descobrir sozinha a potência dessa chave, que é aprender com os erros para atingir o sucesso profissional que tanto idealizava. E, a partir de hoje, você encurtará o seu caminho através do direcionamento que eu te darei.

Bom, mas antes de compartilhar o meu segredo e transformar a sua mentalidade empreendedora, é importante te contar que em 2009, aos 19 anos, quando comecei a empreender como fotógrafa, no meu estúdio em Itapecerica da Serra/SP, eu já era audaciosa, resiliente e perfeccionista. Não me permitia errar e quando isso acontecia, não tinha a mentalidade de encarar para aprender com a situação. Com isso, acabava sofrendo muito e repetindo os mesmos erros logo à frente. E a maior consequência de não querer encarar e aprender com os erros, foi perder muito tempo, dinheiro e – aos poucos – fé no empreendedorismo.

Eu precisei chegar no fundo do poço aos 23 anos (desacreditando que empreender realmente me proporcionaria tranquilidade financeira) para perceber que aprender com os erros era a melhor maneira de alcançar, de forma mais rápida e muito mais sábia, o sucesso que eu tanto idealizava. Felizmente, tudo isso aconteceu porque a Paula que eu sou hoje só existe por todos os tropeços, erros, acertos, sorrisos e brindes que eu vivi quando mais nova. Hoje consigo olhar para trás e perceber que meus maiores erros me tornaram uma empresária de sucesso e realizada, uma fotógrafa completa e uma mentora estrategista de negócios com um olhar 360°.

É bem provável que você também já tenha errado como profissional e está tudo bem. Afinal, faz parte do nosso processo de aprendizado. Eu costumo chamar os erros de "coisas não tão boas" – sejam eles pequenos ou grandes. Dessa forma ressignificamos o sentimento "pesado" que ressoa da palavra.

Mas afinal, por qual motivo aprender com os erros é uma chave poderosa para atingirmos o sucesso que tanto idealizamos? Simplesmente porque no momento em que decidimos reconhecer nossos erros e aprender com eles, é quando baixamos a guarda, nos engrandecemos, nos tornamos mais fortes, cada vez mais seguros e preparados, tendo mais cautela e sabedoria em cada novo passo empreendedor. Dessa forma, evitamos danos emocionais, financeiros ou perda de tempo por não repetirmos os mesmos erros inúmeras vezes.

É importante citar que eu acredito muito que reconhecer os próprios erros não nos torna frágeis, mas sim ambiciosos. Considere também aprender com os erros dos outros, pois dessa forma você aperfeiçoa seu olhar em diversas situações, conseguindo antever problemas e buscar por soluções através de uma postura de liderança mais sábia.

No meu caso, eu mesma provoquei o marco "fundo do poço" na minha jornada através de uma sequência de "escolhas não tão boas". Porém, um dos mais impactantes erros que eu cometi por teimosia e empolgação foi ter um escritório no Brooklin, um bairro nobre de São Paulo. Essa escolha resultou em um rombo financeiro enorme na minha empresa, um empréstimo no nome do meu pai (que encarei por longos anos de forma sofrida) e mais de R$ 100 mil de aluguel em vão. Simplesmente porque coloquei na minha cabeça que ter um escritório em um bairro nobre de São Paulo me tornaria mais profissional, ou mais bem-sucedida. Tamanha falta de sabedoria e de mentalidade analítica.

Bom, tudo começou na locação do primeiro imóvel, que caiu o teto, e por um livramento eu não estava no momento do ocorrido. Não contente, escolhi um novo imóvel no mesmo bairro e me mudei às pressas, claramente insistindo no erro. Nesse novo endereço a empresa foi furtada, resultando em danos financeiros de mais de R$ 60 mil, somados à um empréstimo mensal, aluguel e sem nenhum equipamento para trabalhar. Foi nesse momento que eu cheguei no fundo do poço, com uma crise de Burnout que me levou ao pronto-socorro e me desestabilizou por um bom tempo.

Nesse momento, eu percebi que não admitir ou não querer encarar os meus próprios erros ia me destruir pouco a pouco. Foi quando eu dei o maior e mais marcante salto para trás na minha jornada empreendedora. Encerrei o contrato de locação, voltei para a casa dos meus pais, tentei outras áreas profissionais, recomecei profissionalmente e, por fim, renasci. Me emociono toda vez que lembro.

A partir desse momento, aos 23 anos, depois de centenas de crises de ansiedade, inúmeros erros ignorados, noites mal dormidas e me questionando se empreender era para ser tão sofrido, eu finalmente aprendi a reagir muito mais rápido a cada erro, sem tempo para lamentações. Essa mudança de mentalidade "aprende e aplica" foi tracionando ainda mais a minha jornada e me impulsionando como profissional, me trazendo até aqui e agora.

Eu desejo muito que você não perca mais tempo e dinheiro por não saber como encarar e aprender com os erros. Por isso, vou compartilhar o meu segredo do sucesso para engrandecer ainda mais a sua jornada empreendedora com cada uma das "coisas não tão boas" que se deparar a partir desse momento.

No momento em que compreendi que eu mesma estava afundando minha carreira como empresária, baixei a guarda e comecei a ouvir meus pais, que possuíam toda a sabedoria empreendedora deles, principalmente em relação à visão de vida. Ouvir pessoas mais experientes do que eu foi a postura mais sábia que eu poderia ter tido como empresária naquele momento.

Quando aprendi a respeitar o tempo das coisas, a aprender com os erros de forma mais ágil e a ouvir as pessoas que mais queriam o meu bem, tudo mudou! Passei a tomar decisões de forma mais racional do que agir por impulso, algo tão comum no empreendedorismo. Passei a observar meus aprendizados com os erros passados e a me manter atenta para prever possíveis novos erros.

Desde o momento em que assumi uma postura mais analítica, racional e cautelosa até hoje, meu império foi construído. E como minha missão profissional é encurtar, facilitar e acelerar jornadas empreendedoras, compartilho com você os quatro ensinamentos do meu segredo:

1 – Admita que errou

O passo mais importante para começar a aprender com os erros de forma ágil e eficaz é: admitir que errou. Dessa forma, você quebra uma imensa barreira do ego, assume a responsabilidade, observa o que foi impactado e inicia o processo de aprendizagem de forma sábia e analítica.

2 – Não se deixe levar pela emoção

É natural que ao errar e reconhecer a situação, nosso emocional pode ser abalado. Isso porque você se dá conta que pode estar fazendo mal para si mesmo(a) e atrasando cada dia mais o sucesso tão sonhado. Meu conselho, de quem sofreu demais ao chegar no fundo do poço é: já aconteceu e o que passou não mudará. Foque no momento presente e em como poderá amenizar o impacto.

3 – Liste todos os aprendizados

Imediatamente pontue, de forma positiva, quais são os aprendizados que esse erro te proporcionou. Observe como você reage e como o seu redor se comporta. Analise o seguinte:

- Em que momento começou a dar errado?
- Por que isso aconteceu?
- Eu poderia ter evitado de alguma forma?
- Se eu tivesse pedido a opinião de alguém, poderia ter sido diferente?

Ao analisar e listar todos os aprendizados, você conseguirá perceber maneiras de antever erros parecidos para não os repetir.

4 – Se mantenha atento(a) e transforme o aprendizado em prática

Não basta admitir o erro, controlar a emoção, listar os aprendizados e não colocar em prática. A virada final da chave poderosa do sucesso é você de fato se manter atento(a) antevendo os possíveis erros, seus e de outras pessoas e então colocar em prática a minha filosofia "erra, aprende e aplica".

Concluindo o meu segredo, vimos que o processo para aprender com os erros além de libertador, vai colaborar muito para que você empreenda de forma mais leve, sábia, analítica e atenta. Desde os meus 23 anos eu aplico instintivamente esses 4 passos. Foi errando muito, caindo, chorando, ralando os joelhos, levantando, aprendendo, errando novamente e persistindo que eu superei meus maiores desafios empreendedor.

Hoje, eu tenho um império do qual me orgulho tanto! Uma empresa de sucesso, saudável e estruturada; uma esteira de produtos encantadores; retratos e momentos eternizados através da fotografia; vidas transformadas através da "Mentoria Essência"; uma comunidade VIP das minhas mentoradas chamada "Collab das Audaciosas"; cursos; eventos; uma loja de presentes afetivos para empreendedoras chamada "Annapê"; e agora, realizando mais um sonho profissional: transformando vidas em forma de livro.

E tudo isso só foi possível porque perdi o medo de admitir, encarar e aprender com os erros, mesmo que na dor e sofrimento. *O erro sempre existirá, então torne-o uma chave poderosa para o sucesso utilizando-o como tração para o seu crescimento e verá sua imensa transformação.*

Agora, para você destravar a sua mentalidade e passar a encarar as "coisas não tão boas" como ferramentas poderosas ao longo da sua jornada empreendedora, te convido a praticar os 4 passos do meu segredo. Pegue um papel em branco e liste apenas 4 erros (pequenos ou grandes) que você já viveu no empreendedorismo.

Feito isso, descreva (em cada um deles) quais foram os seus aprendizados. Sinta. Se conecte. Absorva, de forma entregue, esse momento de reflexão tornando as "coisas não tão boas" muito mais leves no seu dia a dia. Perceba também o quanto elas já te engrandeceram e contribuíram para ser quem você é hoje, e estar onde você está.

E para concluir: eu te acolho. Conte comigo como sua mentora de negócios, para transformarmos sua empresa em um verdadeiro sucesso, e assim, empreender de forma mais direcionada e lucrativa, saindo do amadorismo e destravando sua mentalidade empreendedora. Você é merecedor(a), nunca se esqueça disso!

"O erro sempre existirá, então torne-o uma chave poderosa para o sucesso utilizando-o como tração para o seu crescimento e verá sua imensa transformação."

Paula Crem

Rafaela Nogueira

Olá! Sou Rafaela Nogueira, nascida em Curitiba/PR, em 15 de novembro de 1982, criada em Siqueira Campos, norte pioneiro do Paraná e moro em Maringá/PR, há 10 anos.

Formada em Administração de Empresas, especialista em finanças, em gestão empresarial, em docência para educação a distância e especialista em finanças pessoais, com 23 anos de experiência. Apaixonada por finanças e foi essa paixão que me levou a fazer transição de carreira e hoje ser educadora e consultora financeira.

Com mais de 10 mil horas de trabalho entre atendimentos individuais, palestras e treinamentos, ajudo empreendedores a cuidarem melhor do seu dinheiro, mostrando a importância de se entender o que é o dinheiro pessoal e o do negócio.

rafah_nogueira

rafa.silvanogueira@gmail.com

+55 (43) 99665-7380

31 O DESPERTAR DA MENTALIDADE FINANCEIRA

Por Rafaela Nogueira

Muitas pessoas vivenciam problemas relacionados às finanças do negócio, isso acontece por não terem sidos ensinadas sobre o dinheiro e acredite, isso também aconteceu comigo. Mas antes de apresentar as ferramentas que preparei para vocês, vou contar a minha história e relação com as finanças.

Quando criança e adolescente, escutava frases que são crenças limitantes, entre elas estavam: "Vai lavar a mão, você estava mexendo com dinheiro e ele é sujo", "Não fala sobre dinheiro com ninguém", "Só é rico quem vem de família rica" e essas crenças impactam diretamente na forma como nós, adultos, nos relacionamos com o dinheiro. Outro fator que dificultou foi não ter aprendido métodos que me ensinassem a como controlar, planejar e poupar o meu dinheiro, o único ensinamento ou alerta que recebi do meu pai foi: "Não vai gastar mais do que você ganha, se gastar, não vou te ajudar".

A mesma dificuldade que vivenciei já pode ter acontecido ou estar acontecendo com você e aprender a gerir o dinheiro do negócio trará resultados também nas finanças pessoais. Quantas vezes você olhou para o seu negócio, para a quantidade de horas trabalhadas e pensou que mesmo se dedicando tanto não consegue ver os resultados, não sabe se está tendo lucro ou prejuízo, tem o dinheiro pessoal e o do negócio misturado.

Agora você pode estar pensando: mas o que devo fazer para mudar a minha realidade, gerir melhor o meu dinheiro e alcançar melhores resultados? Para que isso aconteça, vou apresentar e te ensinar 3 estratégias que vão mudar o jogo das finanças do seu negócio. Vamos lá!

1. Separação do dinheiro pessoal e do negócio

O fato de muitas pessoas começarem a empreender pela necessidade, faz com que se aflore o problema de não ter a separação entre dinheiro pessoal e negócio, e ao não saber o quanto de recursos tem disponível, as decisões são tomadas no escuro, o que impede o crescimento. A primeira coisa a se fazer, caso esteja nessa situação, é realizar um levantamento dos custos e despesas fixas, variáveis e dívidas começando pelas finanças pessoais/ familiar, assim entenderá o quanto precisará de pró-labore/ salário.

Que tal pausar um pouco a leitura e já fazer esse primeiro levantamento de informações?

O próximo passo é identificar os custos, despesas e dívidas da empresa e incluir o valor do pró-labore pré-definido. Feito isso, será possível identificar se, ao fazer a sua retirada, você está respeitando ou sangrando o caixa da sua empresa. Exemplo: Identificou-se que para as despesas pessoais e familiares você precisa mensalmente de R$ 3.000,00, mas ao incluir no levantamento da empresa, percebeu que só é possível disponibilizar R$ 2.000,00. Neste caso, o ajuste deverá ser realizado nas finanças pessoais, para que as despesas e dívidas caibam no novo valor.

Se a sua escolha for para ajustes das despesas da empresa para conseguir fazer a retirada maior, poderá limitar o crescimento do seu negócio. Para que a empresa tenha um crescimento financeiro sustentável ao longo do tempo, são as finanças pessoais que precisam de ajustes, para caber no pró-labore/ salário que sua empresa é capaz de te pagar.
Aqui temos a pergunta do milhão: como vou conseguir realizar esses ajustes e ainda não misturar o dinheiro? Para ter sucesso com essa primeira etapa, vamos conhecer a segunda estratégia.

2. Controle financeiro eficiente

Vários são os fatores que fazem os empreendedores não realizarem o controle financeiro ou fluxo de caixa, seja por terem dificuldades em saber o que deve ser levado em consideração no momento do registro, por não saber usar um sistema, planilha Excel ou ainda, por já ter começado inúmeras vezes e não ter seguido em frente.

Esse é o momento de descomplicar o controle financeiro e vou te ensinar o que uso no meu dia a dia, papel e caneta na mão para já começar a construir o seu controle financeiro eficiente. Vamos separar em controle de receitas/ recebimentos, controle de despesas, controle de dívidas.

2.1. Controle de recebimentos

É primordial saber, ao final do mês, quais foram os produtos ou serviços que tiveram maior saída, como também qual foi a forma de pagamento para que consiga se organizar tanto dentro do mês e nos meses seguintes, caso ocorram vendas parcelas. Dentro do seu controle, precisa ter: *Data da venda; Produto ou serviço vendido; Valor* - caso tenha sido parcelado, deve constar o valor da entrada e o valor que foi parcelado e um campo de anotações, para que possa registrar nome de cliente, frequência de compra ou algum outro tipo de observação que seja relevante.

Atenção! Se forem realizadas vendas parceladas no cartão e esse valor for disponibilizado em até 2 dias úteis, pode considerar como venda à vista.

2.2. Controle de despesas

Conhecer as despesas do negócio te ajudará a começar dar nome para o seu dinheiro e saber exatamente para onde ele está indo durante o mês.
Grave essa frase: "Dinheiro sem nome ele some, diga ao seu dinheiro para onde ele deve ir ou você precisará descobrir para onde ele foi."

Para acompanhar as suas despesas, devem ser observados 5 itens: *Data da compra; o que foi comprado; quanto pagou, onde comprou e o meio de pagamento.* Todas essas informações são importantes, mas é o meio de pagamento que vai te ajudar a construir seu orçamento mensal, principalmente pensando em compras parceladas. Em caso de uso de cartão de crédito, o registro de despesas contribuirá para validação de valor de fatura.
Lembrete: Limite de cartão de crédito não é extensão da sua renda ou do seu faturamento, assim, para compras no cartão de crédito, é necessário avaliar como está o orçamento mensal.

2.3. Controle de dívidas

Dentro do controle de dívidas deve aparecer tanto dívidas em andamento, aquelas que estão dentro do orçamento e são liquidadas no dia do vencimento e em caso de inadimplência, elas devem estar no controle, para acompanhamento do montante e criação de estratégias para negociação e quitação.

Acredito que, assim como eu, não queira ficar apenas controlando o dinheiro e pagando dívidas, imagino que tenha objetivos e como alcançá-los é a terceira estratégia que aqui vou compartilhar.

3. Planejamento de Sonhos e Desejos

Estamos a todo momento correndo, com o piloto automático ligado e sem perceber, sonhos e desejos estão ficando cada vez mais longe. Pode ser que isso tenha acontecido até hoje, por achar que não teria dinheiro para realizar, mas agora que já sabe como gerenciar seu dinheiro, conseguirá transformar seus sonhos e desejos em objetivos.

A falta de planejamento faz com que o empreendedor fique no escuro, perca oportunidades e limite o seu crescimento. Quais os objetivos você estabeleceu para esse ano? Realizou seu plano de ação ou ficou apenas na listinha de promessas?

Para realizar um bom planejamento, é necessário avaliar a prioridade, se alta, média ou baixa, definir prazo, se curto (até 3 anos), médio (de 3 a 7 anos) ou longo prazo (acima de 7 anos) e fazer prévia de quanto vai te custar.

Mais uma vez vou te pedir para pegar papel e caneta, liste o que deseja conquistar, se sua lista for extensa, comece definindo a prioridade, se baixa, média ou alta, mas cuidado! Se tudo tiver prioridade alta ou baixa, significa que precisa pensar um pouco mais antes de estabelecer esses objetivos, ter clareza do que realmente trará sentido para a sua vida e negócio.

Finalizado a classificação, é o momento de definir prazos e a prévia de valores que deverá ser destinado para cada objetivo, mesmo com objetivos de longo prazo conseguimos trabalhar com a prévia de valores.
Vamos a um exemplo: Compra de equipamentos, prioridade alta, prazo médio (de 4 anos), quanto vai custar? R$ 30.000,00; feita essa definição, é a hora de ver quanto mensalmente deverá ser poupado, que neste exemplo é de R$ 625,00. Essa fórmula deverá ser aplicada para todos os seus objetivos.

O planejamento norteará as decisões que serão tomadas, descreverá o caminho a seguir e te trará tranquilidade com o futuro. Apresentei aqui três estratégias práticas para o dia a dia, que vão verdadeiramente mudar o jogo do seu negócio e proporcionar crescimento financeiro saudável e sustentável ao longo do tempo.

Com a separação do dinheiro pessoal e do negócio, você será capaz de saber se está tendo lucro ou prejuízo, o que hoje pode parecer prejuízo, pode na verdade ser retiradas maiores do que o caixa da empresa aguenta. A aplicação do controle financeiro eficiente vai permitir que você conheça toda a rota que seu dinheiro faz durante o mês e, além disso, te ajudará na criação do orçamento mensal, você vai se antecipar no mapeamento do contas a receber e a pagar.

No planejamento de sonhos e desejos, é momento de tirar do papel, aquilo que fica esperando sobrar dinheiro para fazer e a partir de hoje, você não vai mais esperar sobrar dinheiro e sim, vai se programar para fazer sobrar.

Consegue perceber quantos são os benefícios que tem ao gerir as finanças do seu negócio e para fazer tudo isso, você não precisa dedicar muitas horas do seu dia, inclua na sua rotina 30 minutos do seu dia dedicados a fazer a gestão e em poucos meses poderá ver os resultados que alcançará.

Vou repetir: dinheiro sem nome ele some, diga ao seu dinheiro para onde ele deve ir ou você precisará descobrir no final do mês para onde ele foi e mais, ao nomeá-lo você estará cada vez mais perto de conquistar o que tanto deseja.

Antes de seguir com a sua leitura, tenho um convite para fazer:

Pare 5 minutinhos e escreva o que te impede de ter melhores resultados financeiros e o que vai fazer a partir de hoje para transformar a sua realidade:

____

____

____

____

Espero ter conseguido, nessas páginas, despertar em você o desejo de aprender cada vez mais sobre finanças e com isso todos os dias colher os frutos da excelente gestão que vai realizar.

Agora é com você!!!

"Dinheiro sem nome ele some, diga ao seu dinheiro para onde ele deve ir ou você precisará descobrir no final do mês para onde ele foi.

Rafaela Nogueira"